7th Edition 전면개정판

2023
백광훈
형사소송법
간추린 필기노트

Handwriting Notes

백광훈 편저

메가 *n* 공무원

박영사

머리말

본서는 법원사무직, 검찰·마약수사·교정·보호·출입국관리·철도경찰 7/9급, 경찰간부, 경찰승진, 경찰채용 등 각종 공무원시험과 변호사시험을 준비하면서 필자의 형사소송법 강의를 수강하는 수험생들을 위하여 만든 필기노트 개정판이다.

형사소송법 필기노트를 만들면서 역점을 둔 부분은 다음과 같다.

① **필기노트는 누구를 위한 것인가를 분명히 하기 위해, 필자는 본서의 활용주체는 다음과 같다고 보았다.**
- 형사소송법의 개념정립이 필요한 초보 수험생
- 어려운 이론을 그림으로 쉽게 이해하고자 하는 수험생
- 출제 가능한 판례와 조문을 체계적으로 정리하여 단시간에 암기하고자 하는 수험생

② **본서의 직접적인 쓰임새를 신중히 고려하여, 다음과 같은 효과를 거둘 수 있도록 하였다.**
- 필기에 부담을 덜어냄으로써 강의수강에 집중할 수 있도록 함
- 강의수강 후 수업내용을 리마인드하는 복습자료로서 유용하도록 함
- 시험 직전 최종정리에 그동안 공부한 내용을 빠르게 정리하도록 함

③ 내용을 최근 개정법령 및 최신 판례에 따라 재검토하고 현장강의 판서와 유기적으로 연결**하였다.**

- 필자의 최근 수업을 듣는 제자들이 이를 직접 노트에 옮기고 여기에 오류가 있는지 꼼꼼히 검토하고 정리함

④ 심플하고 미니멀한 디자인을 추구**하였다.**

아무쪼록 본서가 독자 여러분의 형사소송법 실력 상승과 고득점 합격에 조금이나마 보탬이 되기를 소망한다. 필기노트에 대한 질문은 필자의 다음카페 백광훈형사법수험연구소의 학습질문 게시판을 활용할 것을 당부드린다. 끝으로 본서의 출간을 맡아준 도서출판 박영사의 임직원님들에게 깊은 감사의 말씀을 드리고 싶다.

2022년 7월
메가공무원 대표교수
백 광 훈
백광훈형사법수험연구소 cafe.daum.net/jplpexam

구성과 특징

1. 현장강의 판서의 완벽한 재현

강의를 들을 때 필기시간을 줄여주어 시간이 절약되고, 집중해서 강의를 들을 수 있도록 하였습니다. 또한 마무리용으로 활용할 수 있도록 체제를 정비함으로써 시험 직전에 빠르게 회독할 수 있게 하였습니다.

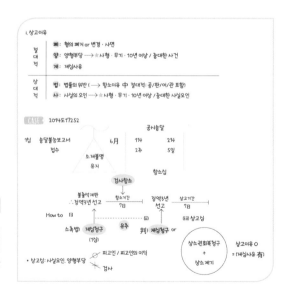

2. 사례와 판례를 도식화하여 가독성을 극대화

사례나 판례 기타 개념을 그림과 도표로 표시함으로써 보다 명확히 내용을 파악하게 하여 내용기억이 오래 가도록 하였습니다. 강의수강 후 수업내용을 복습하는 자료로도 활용할 수 있도록 하였습니다.

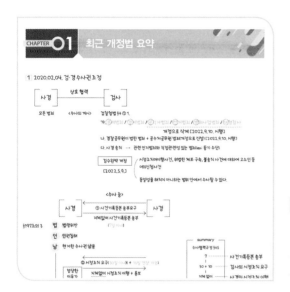

3. 최근 개정법령의 꼼꼼한 반영

최근 개정법령을 본문에 반영하여 수험 시 효율성을 가하였고, 이를 통해 형사소송법의 개념정립이 필요한 초보 수험생들이 중요사항을 먼저 체크하고, 강약을 조절할 수 있도록 하였습니다.

4. 필수적 암기사항에 대한 정리

외우기 어렵고 귀찮은 암기사항을 직관적으로 연상되는 백광훈 교수님만의 두문자로 정리함으로써 암기와 정리를 쉽게 하였습니다. 또한 시험 직전 꼭 봐야 하는 암기사항 및 절차도를 수록함으로써 수험생들의 부담을 최소화하는 데 중점을 두었습니다.

차례

PART 04 공판

PART 05 상소 · 비상구제절차 · 특별절차

부록

백광훈 형사소송법 절차도

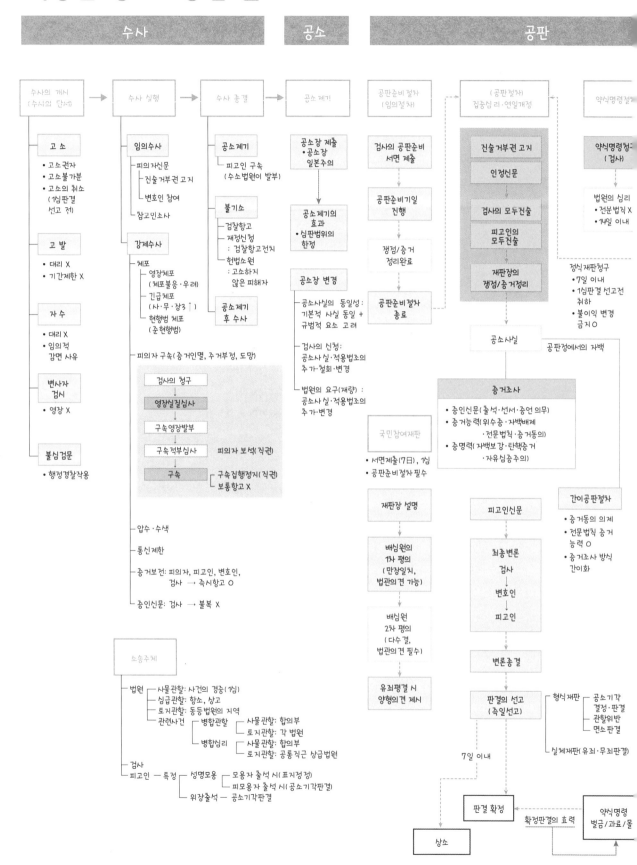

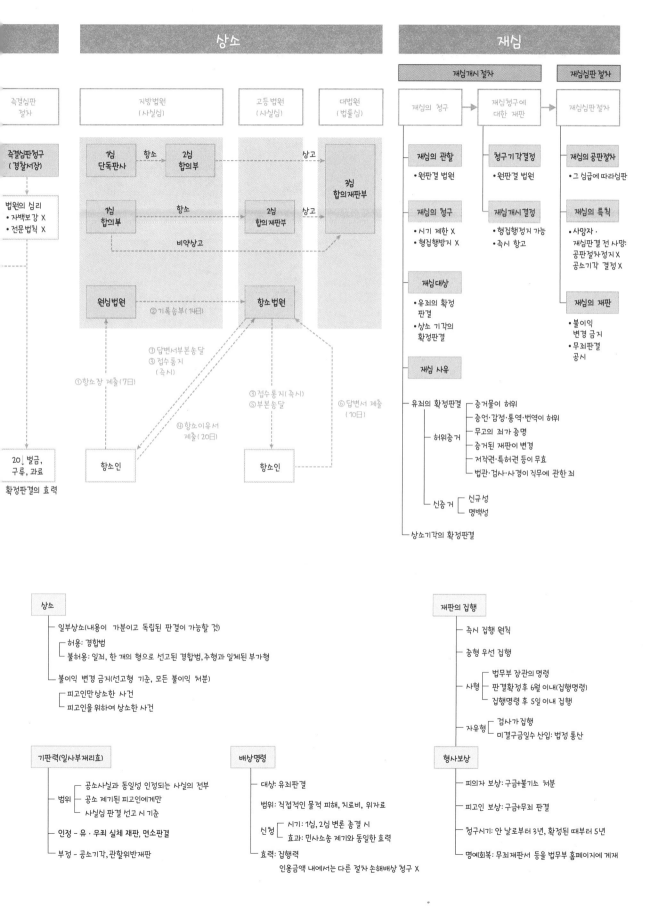

법원의 결정 등에 대한 불복제도

	불복					
	보통항고	즉시항고(7일 이내)			준항고	
의의	즉시항고 이외의 항고	각종 기각 결정	비용관련	기타	재판장·수명법관의 명령 수사기관 처분에 불복	
대상	기간 제한 X	공소기각	무죄 판결에 따른 비용 보상	항고법원/ 고등법원결정	재판장/ 수명법관	
	O / X			상소권회복	변호인 참여	기피신청 기각
	법원의 결정 판결 전 소송절차 (예외) 1. 압수, 압수물 환부 2. 구금 3. 보석 4. 피고인 감정유치 결정	기피신청기각	소송비용 집행면제	구속취소	압수/압수물 환부	
				감치처분결정		
		약식, 즉심에 대한 정식 재판 청구기각	각종 과태료 부과 결정	재판집행 이의 신청	구금	
	관할 또는 판결 전 소송 절차 (원칙) 대법원 결정	재심청구기각	피고인 배상명령	집행유예취소	보석	
		상소기각		참여 재판 배제 결정	피고인 감정유치	
		상소 속행신청기각		재판서 경정 결정	증인/ 감정인/ 통역인/ 번역인에 대한 비용배상, 과태료	
		재정신청기각		재판에 대한 이의 신청		
				재심개시 결정		

MEMO

형사소송법

PART

01

서론

제 1 절 형사소송법의 의의와 성격

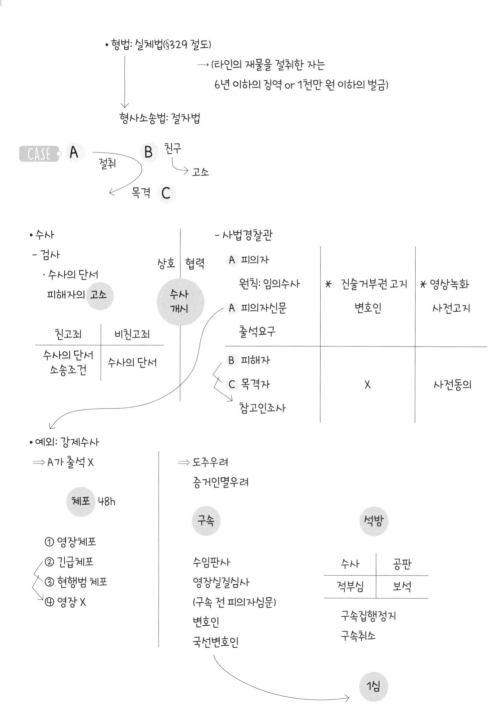

• 형법: 실체법(§329 절도)
　　　　　→ (타인의 재물을 절취한 자는
　　　　　　　6년 이하의 징역 or 1천만 원 이하의 벌금)

형사소송법: 절차법

CASE　A　절취　B　친구 → 고소
　　　　　　　목격 C

• 수사
　- 검사
　　· 수사의 단서
　　　피해자의 고소

친고죄	비친고죄
수사의 단서 소송조건	수사의 단서

상호 | 협력

수사 개시

- 사법경찰관
　A 피의자
　원칙: 임의수사
　A 피의자신문
　출석요구

　B 피해자
　C 목격자
　참고인조사

＊ 진술거부권 고지
　변호인

X

＊ 영상녹화
　사전고지

사전동의

• 예외: 강제수사
　⇒ A가 출석 X

체포 48h

① 영장체포
② 긴급체포
③ 현행범 체포
④ 영장 X

⇒ 도주우려
　증거인멸우려

구속

수임판사
영장실질심사
(구속 전 피의자심문)
변호인
국선변호인

석방

수사	공판
적부심	보석

구속집행정지
구속취소

1심

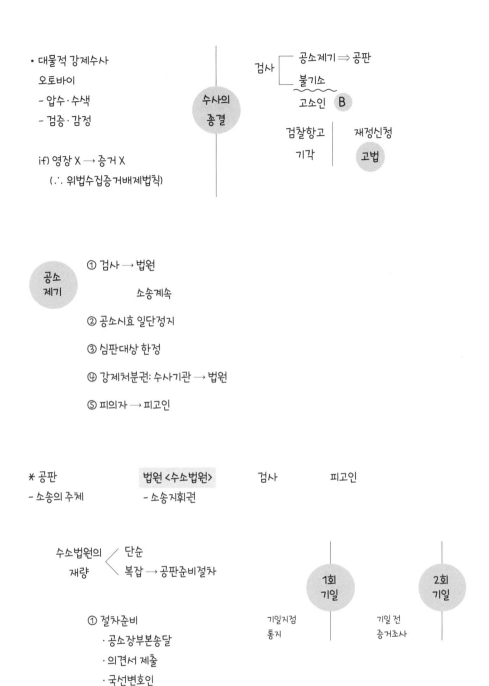

• 대물적 강제수사

  오토바이

  – 압수·수색

  – 검증·감정

if) 영장 X → 증거 X

  (∴ 위법수집증거배제법칙)

수사의 종결

검사 ┌ 공소제기 ⇒ 공판

     └ 불기소

      고소인 Ⓑ

검찰항고   재정신청

기각   **고법**

공소 제기

① 검사 → 법원

      소송계속

② 공소시효 일단정지

③ 심판대상 한정

④ 강제처분권: 수사기관 → 법원

⑤ 피의자 → 피고인

＊ 공판   **법원 <수소법원>**   검사   피고인

– 소송의 주체   – 소송지휘권

수소법원의 재량 ⟨ 단순 / 복잡 → 공판준비절차

① 절차준비

  · 공소장부본송달

  · 의견서 제출

  · 국선변호인

  · 피고인 소환

1회 기일

기일지정 통지

2회 기일

기일 전 증거조사

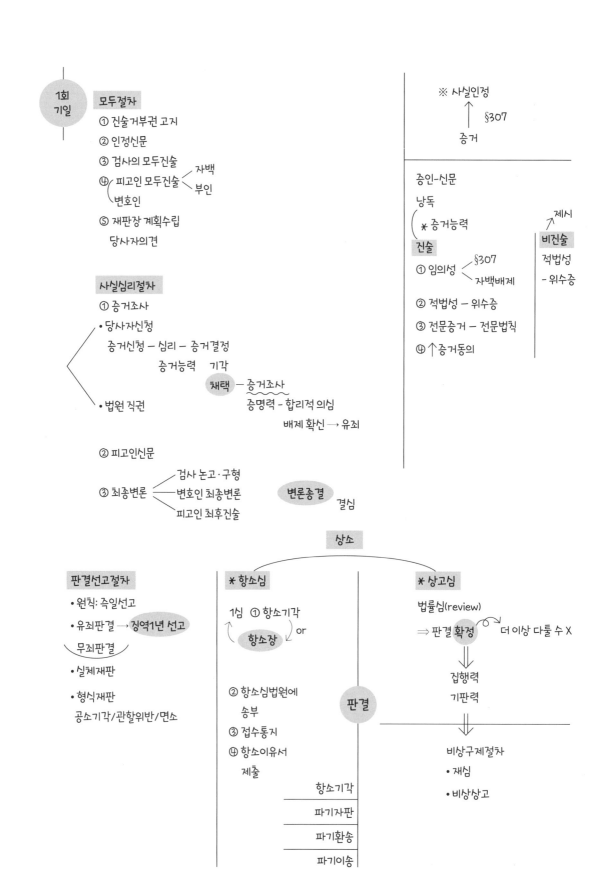

1회
기일

모두절차
① 진술거부권 고지
② 인정신문
③ 검사의 모두진술
④ 피고인 모두진술 ─ 자백 / 부인
　변호인
⑤ 재판장 계획수립
　당사자의견

사실심리절차
① 증거조사
• 당사자신청
　증거신청 – 심리 – 증거결정
　　　증거능력　기각
　　　채택 ─ 증거조사
　　　　증명력 – 합리적 의심
　　　　　배제 확신 → 유죄
• 법원 직권

② 피고인신문

③ 최종변론 ─ 검사 논고·구형
　　　─ 변호인 최종변론
　　　─ 피고인 최후진술

변론종결 결심

판결선고절차
• 원칙: 즉일선고
• 유죄판결 → 징역1년 선고
　무죄판결
• 실체재판
• 형식재판
　공소기각/관할위반/면소

※ 사실인정
　↑ §307
　증거

증인–신문
낭독
　* 증거능력
진술
① 임의성　§307
　　　　　자백배제
② 적법성 – 위수증
③ 전문증거 – 전문법칙
④ ↑증거동의

제시 ↗
비진술
적법성
– 위수증

상소

＊항소심
1심　① 항소기각
　항소장　or
② 항소심법원에
　송부
③ 접수통지
④ 항소이유서
　제출
　　항소기각
　　파기자판
　　파기환송
　　파기이송

＊상고심
법률심(review)
⇒ 판결 확정 ↝ 더 이상 다툴 수 X
　　↓
　집행력
　기판력
　　↓
비상구제절차
• 재심
• 비상상고

판결

1 법원(法源)

① 헌법 ─── O: 자백배제 / 자백보강
         (증거)
         X: 위수증 / 전문법칙

② 법률 – 형사소송법

형식적	실질적
O	O

③ 대법원규칙 O ≠ 대법원예규 X

2 적용범위

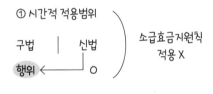

① 시간적 적용범위

구법 │ 신법 ─── 소급효금지원칙
행위 ←──── O   적용 X

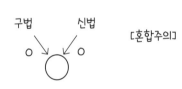

구법   신법
 O   ↘ ◯ ↙ O   [혼합주의]

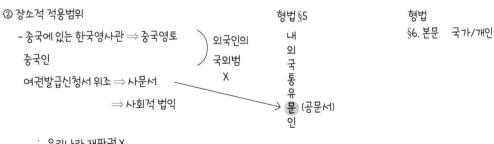

② 장소적 적용범위
 - 중국에 있는 한국영사관 ⇒ 중국영토   형법 §5   형법
  중국인   내   §6. 본문   국가/개인
  여권발급신청서 위조 ⇒ 사문서   ⟩ 외국인의   외
                                국외범   국
              ⇒ 사회적 법익   X   통
                                     유
  ∴ 우리나라 재판권 X   문 (공문서)
                                     인

③ 인적 적용범위

ⓐ 국내법

　　국회의원

　　면책특권

　　　↳ 공소권 X ⇒ 공소기각판결

↳ 직무부수행위

ⓑ 국제법

i) 주한미군 군속

　　SOFA

　　⇒ 우리나라 재판권 O

　　　(통상적 대한민국 거주자)

ii) 치외법권자

　　주한 미국대사

　　재판권 X ⇒ 공소기각판결

CHAPTER 02 형사소송법의 이념과 구조

제 1 절 형사소송법의 지도이념

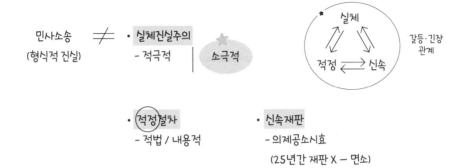

민사소송 ≠ • **실체진실주의**
(형식적 진실)   - 적극적   소극적

실체
적정 ⇄ 신속
갈등·긴장 관계

• 적정절차   • **신속재판**
- 적법 / 내용적   - 의제공소시효
(25년간 재판 X — 면소)

제 2 절 형사소송의 기본구조

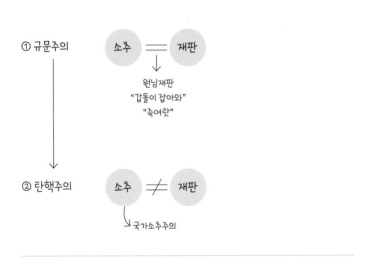

① 규문주의   소추 ══ 재판

원님재판
"갑돌이 잡아와"
"죽여랏"

② 탄핵주의   소추 ≠ 재판
└ 국가소추주의

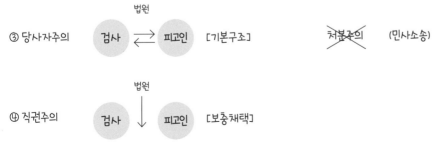

③ 당사자주의   법원
검사 ⇄ 피고인   [기본구조]   ~~처분주의~~   (민사소송)

④ 직권주의   법원
검사 ↓ 피고인   [보충채택]

형사소송법

소송주체와 소송행위

CHAPTER 01 소송의 주체

제1절 소송주체의 의의

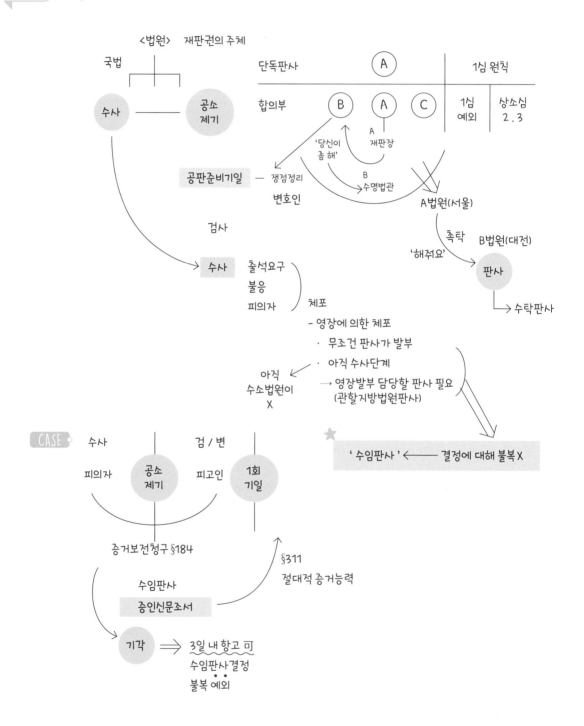

법원의 관할

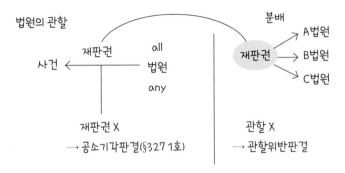

법정관할

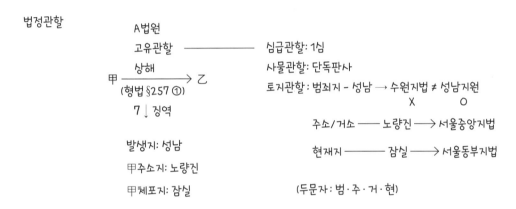

(두문자 : 범·주·거·현)

◉ 관련사건

甲 ──명예훼손──→ 乙
      대전

심급

1심 ──────── 2심 ──────── 3심

단독 ──── 지법본원합의부 ──── 대법원

합의부 ──── 고법 ──── 대법원

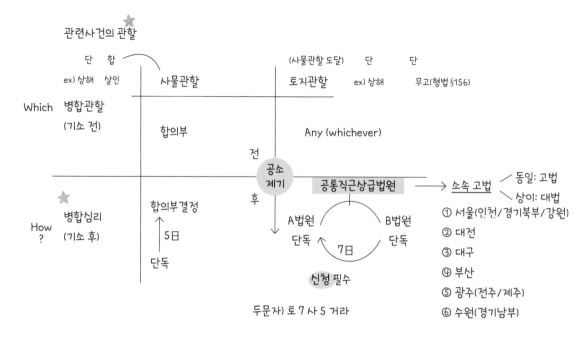

관련사건의 관할

단 합
ex) 상해 살인

사물관할

(사물관할 도달) 단 단
토지관할 ex) 상해 무고(형법 §156)

Which 병합관할
(기소 전)

합의부

Any (whichever)

전

공소
제기

공통직근상급법원 → 소속 고법 ┤ 동일: 고법
                                        └ 상이: 대법

① 서울(인천/경기북부/강원)

How? 병합심리
(기소 후)

합의부결정
↑
5日
↑
단독

후

A법원
단독 ↑
      7日
신청 필수

B법원
단독

② 대전
③ 대구
④ 부산
⑤ 광주(전주/제주)
⑥ 수원(경기남부)

두문자) 토 7 사 5 거라

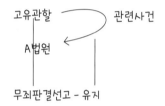

고유관할   관련사건

A법원

무죄판결선고 – 유지

CASE

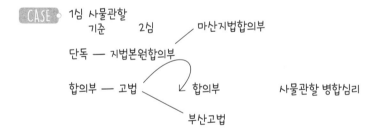

1심 사물관할
기준   2심   마산지법합의부
단독 — 지법본원합의부
합의부 — 고법   합의부   사물관할 병합심리
                부산고법

CASE

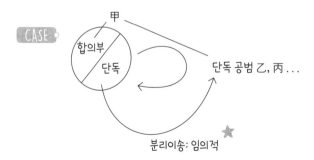

甲
합의부
단독   단독 공범 乙, 丙 ...

분리이송: 임의적

- 관할위반과 항소

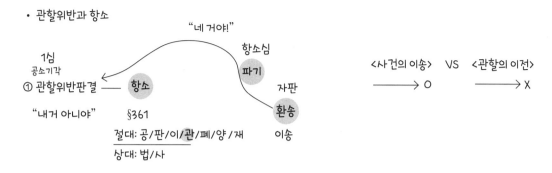

"네 거야!"

1심
공소기각
① 관할위반판결 ──── 항소

"내거 아니야"   §361

항소심
파기

자판

환송
이송

절대: 공/판/이/관/폐/양/재
상대: 법/사

<사건의 이송>   VS   <관할의 이전>
──────→ O   ──────→ X

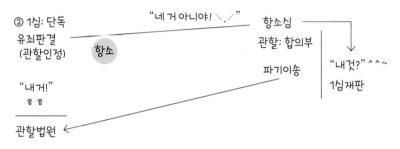

② 1심: 단독
유죄판결
(관할인정)

"네 거 아니야! ↘↗"   항소심
                        관할: 합의부
          항소

"내거!"
흐흐
──────

관할법원 ←──────

파기이송

"내것?" ^^~
1심재판

단독 ──공소장변경──→ 합의부
      이송

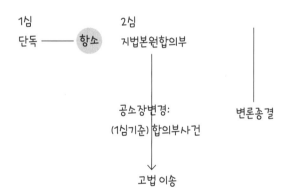

1심   2심
단독 ──── 항소   지법본원합의부

                공소장변경: 변론종결
                (1심기준) 합의부사건

                고법 이송

※ 변론종결 전까지 공소장변경 可

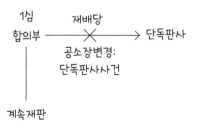

1심   재배당
합의부 ──×──→ 단독판사
      공소장변경:
      단독판사사건

계속재판

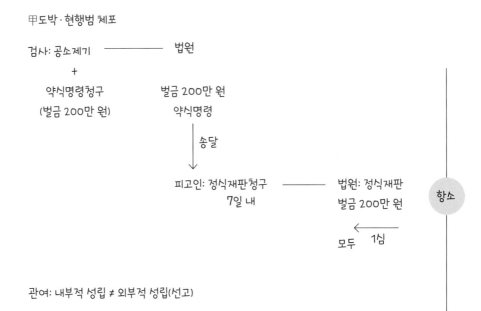

甲 도박 · 현행범 체포

검사: 공소제기 ——————— 법원
　　　 +
약식명령청구　　　　　벌금 200만 원
(벌금 200만 원)　　　　약식명령
　　　　　　　　　　　　　│ 송달
　　　　　　　　　　　　　▼
　　　　　　피고인: 정식재판청구 ——————— 법원: 정식재판
　　　　　　　　7일 내　　　　　　　　　 벌금 200만 원
　　　　　　　　　　　　　　　　　　모두 ←—— 1심
　　　　　　　　　　　　　　　　　　　　　 항소

관여: 내부적 성립 ≠ 외부적 성립(선고)

〈기피〉 §18

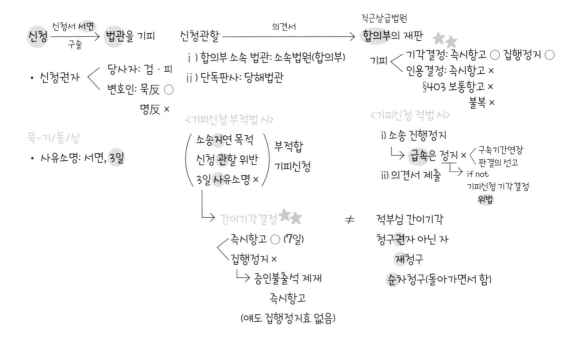

신청 —신청서 서면/구술→ 법관을 기피　　신청관할 ——의견서→ 직근상급법원 합의부의 재판 ★★

• 신청권자 〈 당사자: 검 · 피　　 ⅰ) 합의부 소속 법관: 소속법원(합의부)
　　　　　　 변호인: 묵反 ○　　 ⅱ) 단독판사: 당해법관
　　　　　　 　　　 명反 ×

　　　　　　　　　　　　　　　기피 〈 기각결정: 즉시항고 ○ 집행정지 ○
　　　　　　　　　　　　　　　　　 인용결정: 즉시항고 ×
　　　　　　　　　　　　　　　　　　　　 §403 보통항고 ×
　　　　　　　　　　　　　　　　　　　　 불복 ×

묵-기/동/상
• 사유소명: 서면, 3일

〈기피신청 부적법 시〉　　　　　　　〈기피신청 적법 시〉
　　　　　　　　　　　　　　　　 ⅰ) 소송 진행정지
(소송지연 목적 　 부적합)　　　　 └ 급속은 정지 × 〈 구속기간연장 / 판결의 선고
  신청 관할 위반 　 기피신청)　　 ⅱ) 의견서 제출 └ if not
  3일 사유소명 ×)　　　　　　　　　　　　　　 기피신청 기각결정
　│　　　　　　　　　　　　　　　　　　　　　 위법
　▼
　간이기각결정 ★★　　 ≠ 　적부심 간이기각
　│　　　　　　　　　　　 청구권자 아닌 자
　 즉시항고 ○ (7일)　　　 재청구
　 집행정지 ×　　　　　　 순차청구(돌아가면서 함)
　 └ 증인불출석 제재
　　　 즉시항고
　　 (얘도 집행정지효 없음)

제 **3** 절) 검사

1 법적 지위

- 준사법기관
- 단독제 관청
- 검사동일체 원칙
- 법무부장관의 지휘·감독권

2 소송법상 지위

- 수사의 주체
- 사경과 상호협력관계
- 공소권의 주체
- 재판의 집행기관

1 피고인의 의의와 특정

내사	수사개시	수사	공소제기	공판	형선고판결 확정	형집행
피내사자		피의자		피고인		수형자

◉ 공동피고인

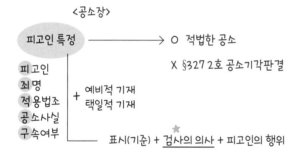

◉ 피고인의 특정

〈공소장〉

피고인 특정 ───────→ ○ 적법한 공소

X §327 2호 공소기각판결

피고인
죄 명
적용법조   + 예비적 기재
공소사실   택일적 기재
구속여부

표시(기준) + 검사의 의사 + 피고인의 행위

① 성명모용

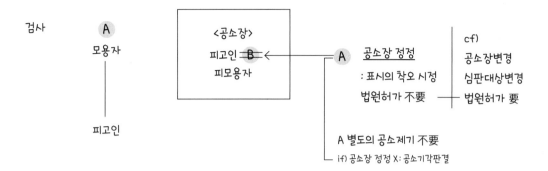

② 위장출석

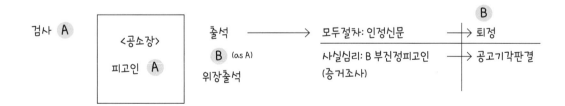

2 무죄추정의 원리

⊙ 무죄추정원칙 (헌법 O)

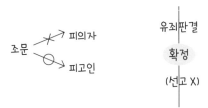

법원: 보석허가결정

CASE

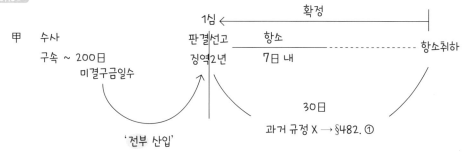

CASE

공소장 일본(一本)주의 · for 예단배제
→ 첨부 X, 인용 X, 여사기재 X
　　　　　cf) 소년부 송치처분. 직업 없음 기재: 적법(법관은 이런 걸로 예단 안 생김)

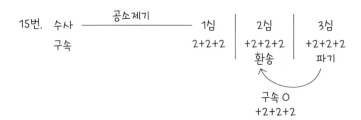

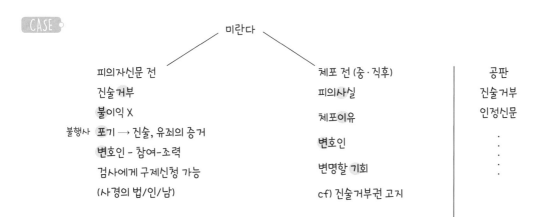

CASE → 2014헌마768

소년　　형사사건 ≠ 보호사건

CASE → 재심청구사건

1심
유죄판결
선고 ─────── 확정　　피고인 **수형자**
　　　　　　　　　　　　재심청구　　∴ 무죄추정원칙 적용 X

---

3 진술거부권

자백배제법칙 (§309) '기타의 방법'　　判
위법수집증거배제법칙 (§308의2)　　↙ 진술거부권 침해

진술거부권 주체　　｜　　★　진술거부권을 고지받을 자
모든 국민　　　　　｜　　　　피의자, 피고인

헌법　　　　　　　｜　　★　　형소법
불리한 진술　　　｜　　　일체의 진술

CASE →
　　　　　　　　　　　　　미란다
　　　　┌──────────────┴──────────────┐
　피의자신문 전　　　　　　　　체포 전 (중·직후)　　　　　공판
　진술거부　　　　　　　　　　피의사실　　　　　　　　진술거부
　불이익 X　　　　　　　　　　체포이유　　　　　　　　인정신문
불행사 포기 → 진술, 유죄의 증거　　변호인　　　　　　　　·
　변호인 - 참여-조력　　　　　변명할 기회　　　　　　·
　검사에게 구제신청 가능　　　cf) 진술거부권 고지　　　·
　(사경의 법/인/남)　　　　　　　　　　　　　　　　·

〈공판〉

'심신상실' ─────────→ 갱신: 처음부터 다시

→ 소송능력 X   ∴ 진술거부권 고지 O

→ 공판절차 정지

- 진술거부권 불고지

진술: 적법한 절차 따르지 아니하고 수집한 증거

위법수집증거(§308의2)

→ 증거능력 X. 증거동의의 대상 X

cf) 증거동의 대상: 증거능력 없는 전문증거

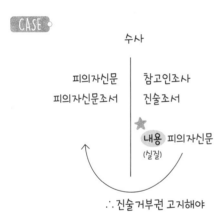

CASE

수사

피의자신문   참고인조사
피의자신문조서   진술조서

내용 피의자신문
(실질)

∴ 진술거부권 고지해야

피내사자   수사개시   피의자

형식: 인지

내용: 수사 외부적 행위
(실질설)

◉ 진술거부권 ' 포기 X'
　(헌법상 기본권)
　　　　　　　고소권

　　　　압수물 환부청구권

　　　　　약식 ← 정식재판청구권(피고인)

　　　　　진술거부권

　　　　　상소권 (사/무)
　　　　　　　형 기

　　자유심증주의 (§308) − 예외: 진술거부권

　　진술거부권 행사 ──────→ 양형　┌ 원칙: X
　　　　　　　　　　　　　　참작　└ 예외: O ★
　　　　　　　　　　　　　　　　① 진실 발견 적극 숨김
　　　　　　　　　　　　　　　　② 법원 오도

④ 당사자능력과 소송능력

　① 당사자능력
　　피고인

　• 소송조건 (흠결 시, 형식재판)
　• 당사자능력 X
　ex) 피고인 ──→ 死 , 공소기각결정(§328)
　　　　　　　　(검사) 공 소취소

　　　　　　　　(사람) 사 망 / (법인)부존속

　　　　　　　　　관 할의 경합 패배

　　　　　　　　　포 함 X

　　　　　　　　ex) 甲 _____ 2
　　　　　　　　　　　　자전거 ↗
　　　　　　　　　　　　1시간 사용

　　　　　　　자동차 불법 사용 (형법 §331의2)

② 소송능력

소송행위능력

甲)정상 ———→ 심신상실   ＊ 공판절차정지

    원칙: 공판절차정지＊   **심신**상실·질병   위헌법률심판 제청   **기피**

    예외: 공판절차진행   **공소장**변경   토지관할 병합심리,   **재심**청구 경합

      (i) 유리   유일-임의적   재정관할

      (ii) 의사능력 X — 법정대리인

      (iii) 법인 – 대표자

제 5 절) 변호인

1 변호인 제도의 의의

피의자

      + **법** · **배** · **직** · **형**

피고인   정 우 계 제

              대 자 친 자

→ 법인   리   족 매

              인

대표자 O / 위임 받은 자 X

2 변호인의 선임 · 선정

변호인 선임방식

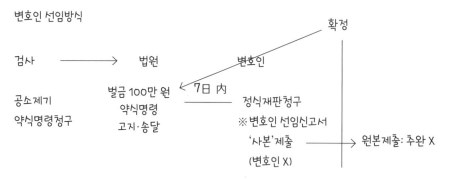

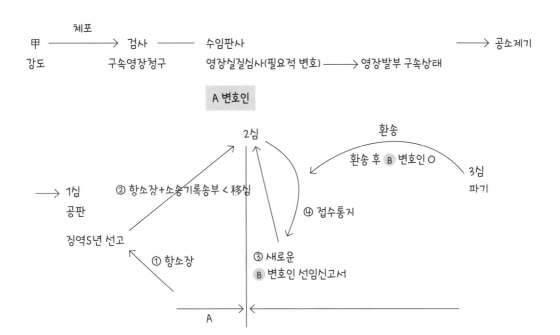

甲 ——체포——→ 검사 —————— 수임판사 —————————→ 공소제기
강도   구속영장청구   영장실질심사(필요적 변호) ——→ 영장발부 구속상태

A 변호인

2심   환송
                       환송 후 Ⓑ 변호인 O   3심
——→ 1심   ② 항소장+소송기록송부 < 移심   파기
    공판
    징역5년 선고   ⑭ 접수통지
              ① 항소장   ③ 새로운
                         Ⓑ 변호인 선임신고서
              A

◉ 국선변호인 (§33)

   ① 필요국선   ② 청구국선   ③ 재량국선

CASE 2010도17353

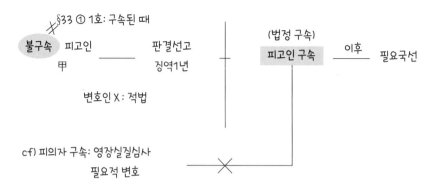

§33 ① 1호: 구속된 때

불구속 피고인 ———— 판결선고
甲   징역1년

변호인 X : 적법

(법정 구속)
피고인 구속 ———— 이후 필요국선

cf) 피의자 구속: 영장실질심사
필요적 변호

CASE 2013도1886

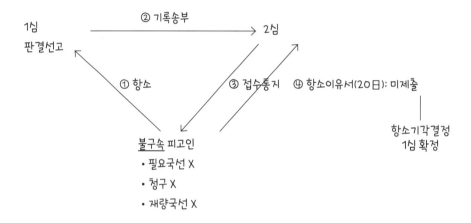

1심   ② 기록송부   2심
판결선고

① 항소   ③ 접수통지   ④ 항소이유서(20日): 미제출

불구속 피고인
• 필요국선 X
• 청구 X
• 재량국선 X

항소기각결정
1심 확정

CASE 2016도7622

1심   검사 항소   2심   징역2년   (아마 곧)
징역1년   인용   구속
+
집행유예2년
(즉시석방) ― 불구속 피고인   ★ (공판단계)
                            국선변호인 선정
                            바람직

◉ 필요적 변호사건

CASE 2002도5748

법령 위반
↓
판결 영향 O ⟶ 항소 O

CASE 2011도2279

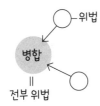
위법

병합
=
전부 위법

구 미 7 청 심 단 3
속 성 이 각 신 기 년↑
　 년 세 언 장 　
§33 ①②③ 자 　 어 애 　
　 　 　 장 인 　
　 　 　 애 　 　

영장실질심사
적부심
―――――――――

┌ 공판준비절차: 검 + 변
│ 재심   사   호
│ 즉결심판 ⟶ 정식재판 ex) 70세 ↑
└ 참여재판 (공판준비절차 필수)
치·보복·장·군

• 공판준비절차

　① 공소장부본송달
　② 의견서
✓③ 국선변호인 선정고지
　④ 제1회 공판기일 지정, 변경
　⑤ 피고인 소환

판결 전 소송절차결정: §403 ①, 불복 X

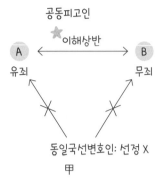

공동피고인
★이해상반
A ←————————→ B
유죄   무죄

동일국선변호인: 선정 X
甲

3 변호인의 지위 및 권한

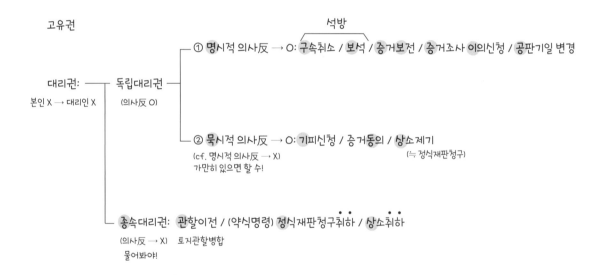

고유권

석방
① 명시적 의사反 → O: 구속취소 / 보석 / 증거보전 / 증거조사 이의신청 / 공판기일 변경

대리권: ── 독립대리권 ──
본인 X → 대리인 X   (의사反 O)

② 묵시적 의사反 → O: 기피신청 / 증거동의 / 상소제기
(cf. 명시적 의사反 → X)   (≒ 정식재판청구)
가만히 있으면 할 수!

종속대리권: 관할이전 / (약식명령) 정식재판청구취하 / 상소취하
(의사反 → X)   토지관할병합
물어봐야!

CHAPTER 02 소송행위

제 1 절 ~ 제 2 절 소송행위의 의의, 종류, 일반적 요소

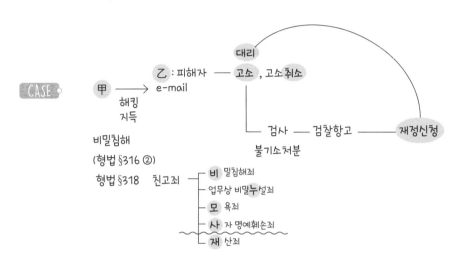

CASE

甲 ──→ 乙 : 피해자 ── 고소, 고소취소
해킹   e-mail
지득

비밀침해
(형법 §316 ②)
형법 §318 친고죄 ┬ 비 밀침해죄
                ├ 업무상 비밀누설죄
                ├ 모 욕죄
                ├ 사 자 명예훼손죄
                └ 재 산죄

대리

검사 ── 검찰항고 ── 재정신청
불기소처분

CASE 2013도1228

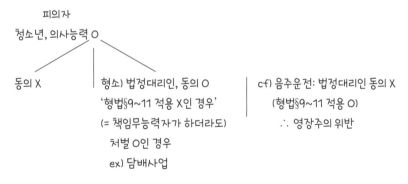

피의자
청소년, 의사능력 O

동의 X   형소) 법정대리인, 동의 O   cf) 음주운전: 법정대리인 동의 X
             '형법 §9~11 적용 X인 경우'   (형법 §9~11 적용 O)
             (= 책임무능력자가 하더라도)   ∴ 영장주의 위반
             처벌 O인 경우
             ex) 담배사업

서면 or 구술 - 병행

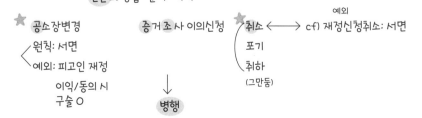

고소 · 고발 / 기피 / 국 선변호인 선정청구 / 기일변경
                              공판
변론의 병합 · 분리 · 재개

★ 공소장변경   증 거 조 사 이의신청   ★취소 ←──→ cf) 재정신청취소: 서면
원칙: 서면   포기   예외
예외: 피고인 재정   취하
  이익/동의 시   (그만둠)
  구술 O   ↓
                    병행

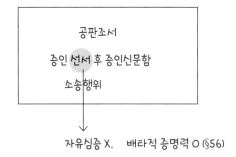

공판조서

증인 선서 후 증인신문함

소송행위

자유심증 X.   배타적 증명력 O (§56)

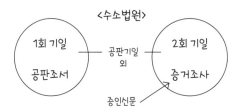

＜수소법원＞

1회 기일 ——— 공판기일 ——— 2회 기일

공판조서   외   증거조사

증인신문

cf)

(수사) 피의자신문

사경관 ⇄ 피의자

공판조서 ┬ 작성자: 참여
         │   법원 사무관 등
         └ 확인: 재판장
                  대행 O

〈소송서류의 송달〉: 교 > 우 > 공

① 원칙: **교부송달**
　　　　　(줌)

　송달받을 자
　: 피고인 본인
　송달영수인 신고의무 ≠ 구속피고인: 의무 X (소장에게 줌) ↔ 예외: 소환장

| 부재중: 보충송달 | 거부: 유치송달 |
| 동거인 O | |

② 우편송달
★도달 cf)민소법

★★
③ 공시송달

　┌ 형소법 ┌ 주소 알 수 X ── 判: 대체로
　│　　　　└ 재판권 X　　　　　위법
　│
　│ ★★
　└ 소촉법: 소재불명
　　　　　　송달불능보고서 접수 ~ 6月
　　　　　　(소재탐지불능보고서)

공시송달, 법원 명령
1회 공시　　2회 공시
2주일(후)　**5**일(후) 효력
이　　　　　오

cf) 피고인 소환장송달
1회공판기일 ── 2회
　5日 전　　　　12시간 전

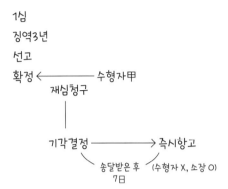

1심
징역3년
선고
확정 ←———————— 수형자甲
　　　재심청구
　　　　　│
　　　기각결정 ——————→ 즉시항고
　　　　　└ 송달받은 후　(수형자 X, 소장 O)
　　　　　　　7日

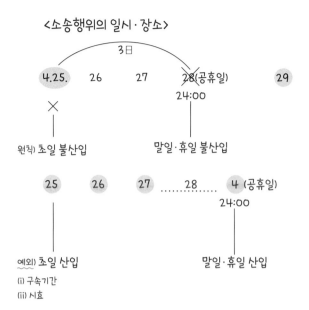

〈소송행위의 일시·장소〉

3日

4.25. 26 27 2̶8̶(공휴일) 29
24:00

원칙) 초일 불산입   말일·휴일 불산입

25 26 27 ......28...... 4 (공휴일)
24:00

예외) 초일 산입   말일·휴일 산입
(i) 구속기간
(ii) 시효

제 **3** 절 소송행위의 가치판단

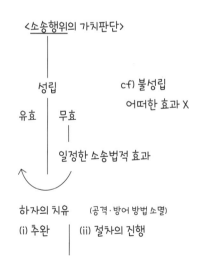

〈소송행위의 가치판단〉

성립   cf) 불성립
                어떠한 효과 X

유효 │ 무효
        │
    일정한 소송법적 효과

하자의 치유   (공격·방어 방법 소멸)
(i) 추완   (ii) 절차의 진행

CASE • 2003도2735

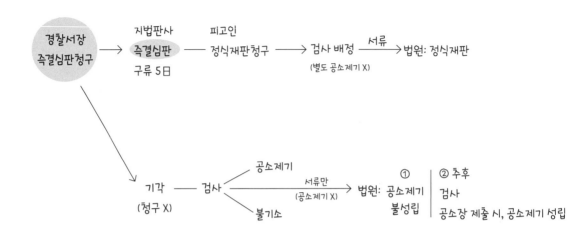

경찰서장   지법판사   피고인   검사 배정   서류
즉결심판청구 → 즉결심판 —— 정식재판청구 ——→   ——→ 법원: 정식재판
                 구류 5日   (별도 공소제기 X)

                        ┌── 공소제기
        기각 —— 검사 ┤   서류만   법원: 공소제기   ① │ ② 추후
       (청구 X)   └── 불기소   (공소제기 X) 불성립   검사
                                                            공소장 제출 시, 공소제기 성립

CASE • 95모49

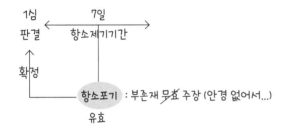

1심   7일
판결 ←——————→
      항소제기기간
↑
확정
      항소포기 : 부존재 무효 주장 (안경 없어서...)
        유효

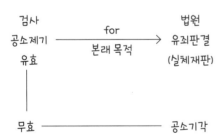

검사   법원
공소제기 ———— for ————→ 유죄판결
 유효   본래 목적   (실체재판)
  │
  │
 무효 ———————————————— 공소기각

⊙ 소송행위의 추완

① 단순 추완

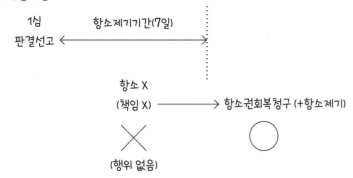

② 보정적 추완

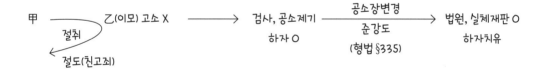

CASE 96도2151

甲 ⌒ 乙(이모) 고소 X ⟶ 검사, 공소제기 ——— 공소장변경 ⟶ 법원, 실체재판 O
  절취   하자 O   준강도   하자치유
  ↓   (형법 §335)
  절도(친고죄)

CASE ○

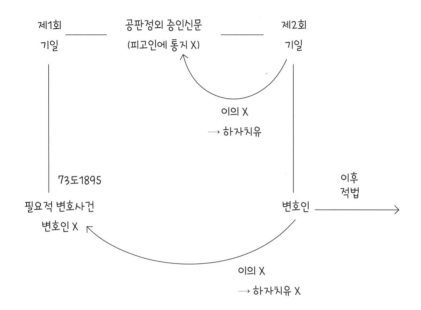

비친고죄 ———— 검사   공소장변경
고소 X   공소제기   친고죄 (애초 친고죄)

고소의 추완 X
∴ 공소기각판결

CASE ○ 80도306

제1회 _____ 공판정외 증인신문 _____ 제2회
기일   (피고인에 통지 X)   기일

이의 X
→ 하자치유

73도1895   이후
                                          적법
필요적 변호사건   변호인 ————————→
변호인 X

이의 X
→ 하자치유 X

제4절 소송조건

<소송조건>: 소송 계속을 위해 필요한 조건

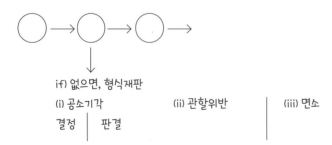

if) 없으면, 형식재판
(i) 공소기각   (ii) 관할위반   (iii) 면소
결정 │ 판결

협박(형법 §283 ①): 반의사불벌죄

처벌불원 의사표시 | 처벌불원 의사표시 O ──→ 공소제기 X
부존재
(없어야!) | if) 공소제기 O, 공소기각판결 (§327 6호)

직권조사

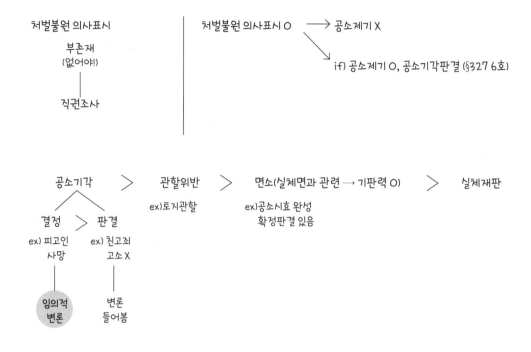

공소기각 > 관할위반 > 면소(실체면과 관련 → 기판력 O) > 실체재판

결정 > 판결   ex)토지관할   ex)공소시효 완성
ex) 피고인   ex) 친고죄   확정판결 있음
사망   고소 X

임의적   변론
변론   들어봄

CASE 2004도4693

교통사고 – 교통사고처리특례법   업무상 과실치상

예외사유   X ──→ 공소권 X ┄┄┄→   검사
                              공소제기, 공소기각판결(§327 2호)
+   (올바른 판결)

보험   O

※ 검사 ──→ 1심 검사 2심
공소제기   무죄판결 항소 공소기각판결

형사소송법

PART

03

수사와 공소

제 1 절 수사의 의의와 구조, 수사기관

수사 ┬ 단서
     └ 임의수사

★
강제수사 ┬ ★ 체포·구속
        ├ 압수·수색
        └ 증거보전

수사종결
―――――――――――
공소제기

<수사기관 : 2020.02.04. 형소법 개정>

사경 ―― 서로 협력(검찰청직원 x) ―― 검사

To. 검사 ← 사건송치 from. 사경
① 법 / 인 / 남 ┬ 검사의 시정조치 이행 x
              └ 피의자 구제신청
② 사건불송치에 대한
  고소인 등의 이의신청

※ 서류 송부의무 삭제 ←―― 보완수사요구권
←―― 시정조치요구권 (법/인/남)
If not, 사건송치요구권

※ 피의자 신문 전 고지
: 거 / 불 / 포 / 변 / 검 ←―― 수사 경합 시, 사건송치요구권

――――――→ 영장 먼저 신청 시
계속 수사 ○

※ 사건송치
① 혐의 有 : 송치 ―――→ 검사
② 혐의 無 : 이유서 등 송부 ―――→ 검사(90일 내 반환) ┬ 원칙 : 불기소 처분
                                                    └ 위법 / 부당 : 재수사 요청

→ to. 고소인 등
  송부 후 7일 이내
  사건불송치 이유 통지 ┤ 이의신청 ――→ 경찰 서장(검사 x) ――→ 사건 송치 ――→ 검사

<수사의 조건>

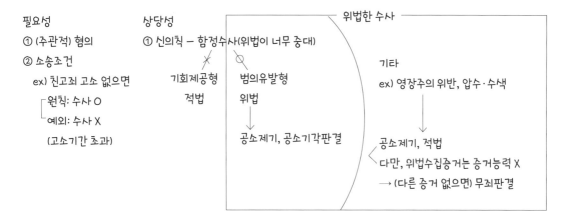

필요성
① (주관적) 혐의
② 소송조건
　ex) 친고죄 고소 없으면
　　┌ 원칙: 수사 O
　　└ 예외: 수사 X
　　　(고소기간 초과)

상당성
① 신의칙 – 함정수사(위법이 너무 중대)
　┌ 기회제공형 ─ 범의유발형
　　적법 ─ 위법
　　　　　　공소제기, 공소기각판결

위법한 수사

기타
ex) 영장주의 위반, 압수·수색

공소제기, 적법
다만, 위법수집증거는 증거능력 X
→ (다른 증거 없으면) 무죄판결

제 2 절) 수사의 개시

1 수사의 단서

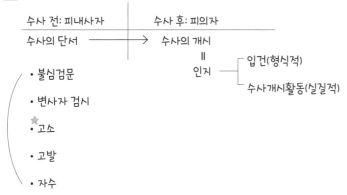

수사 전: 피내사자　｜　수사 후: 피의자

수사의 단서 ──────→ 수사의 개시
　　　　　　　　　　　　　 ∥
　　　　　　　　　　　　　인지 ┌ 입건(형식적)
　　　　　　　　　　　　　　　 └ 수사개시활동(실질적)

• 불심검문
• 변사자 검시
★ • 고소
• 고발
• 자수

2 불심검문

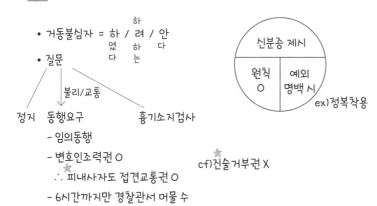

• 거동불심자 = 하 / 려 / 안
　　　　　　　 하 하 다
　　　　　　　 였 하 다
　　　　　　　 다 는
• 질문
　　　│ 불리/교통
정지　동행요구　　　흉기소지검사
　　- 임의동행
　　- 변호인조력권 O
　　　∴ 피내사자도 접견교통권 O
　　- 6시간까지만 경찰관서 머물 수

신분증 제시
원칙　｜　예외
O　　｜　명백 시
　　　　　ex)정복착용

★ cf)진술거부권 X

3 변사자의 검시

수사 X	수사 O
자살?	범죄피해자
검시	검증 - 영장주의

4 고소

1. 의의 및 성격

(1) 의의

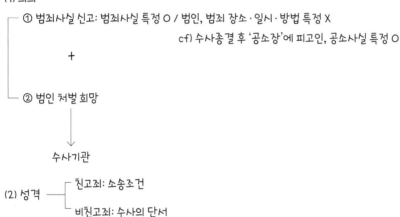

① 범죄사실 신고: 범죄사실 특정 O / 범인, 범죄 장소·일시·방법 특정 X

cf) 수사종결 후 '공소장'에 피고인, 공소사실 특정 O

+

② 범인 처벌 희망

↓

수사기관

(2) 성격 ┌ 친고죄: 소송조건
       └ 비친고죄: 수사의 단서

2. 절차: 고소권자 - 방법 - 기간

(1) 고소권자

① 피해자(직접 O, 간접 X)

② 법정대리인: '고유권' (self)

③ 친족: • 피해자 사망 시, 독립 O / 명시의사反 X
       • 법정대리인 = 피의자
       • 사자명예훼손

• 배 / 직 / 형
  우   계   계
  자   친   자
      족   매

④ 지정고소권자: 이해관계인신청 ──→ 검사 지정
                10日

(2) 방법

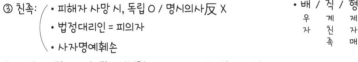

① 서면 or 구술

※두문자
고·기·국·기·
변론
공·종조·취
병행

│

조서작성(독립된 조서 不要)

② 대리 O

※두문자
고·재·변·상·적
소
(고발 X)

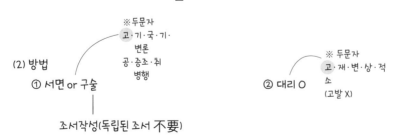

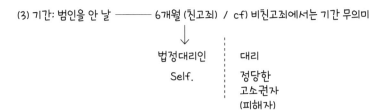

(3) 기간: 범인을 안 날 ——— 6개월 (친고죄) / cf) 비친고죄에서는 기간 무의미

법정대리인   대리
Self.   정당한
                   고소권자
                   (피해자)

3. 고소의 불가분의 원칙

(1) 객관적 불가분 (규정 X. 당연)

ex)

피해자 A   B   C   D

甲   [절도 절도 절도 절도]   상습절도의 포괄일죄

고소/취소   효력 O

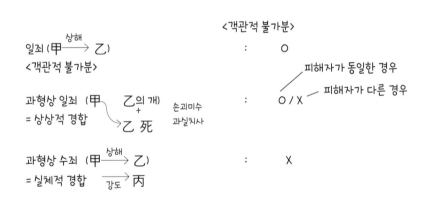

<객관적 불가분>

일죄 (甲 —상해→ 乙)   :   O
<객관적 불가분>

                                        피해자가 동일한 경우
과형상 일죄 (甲   乙의 개)   손괴미수   :   O / X 피해자가 다른 경우
= 상상적 경합   +   과실치사
              → 乙 死

과형상 수죄 (甲 —상해→ 乙)   :   X
= 실체적 경합   강도→ 丙

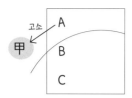

3개의 모욕죄의 상상적 경합

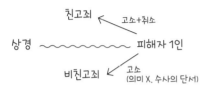

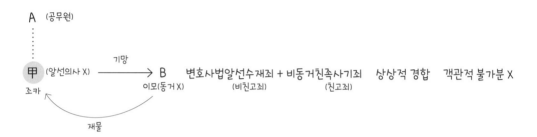

⭐ (2) 주관적 불가분 (§233)

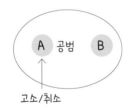

	친고죄		반의사불벌죄 즉시고발
	절대적(비/누/모/사)	상대적(재)	
주관적 불가분	적용 O	적용 X	적용 X

But
전원 신분 O: 적용

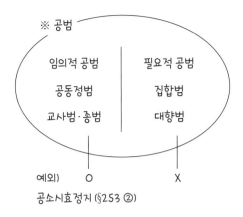

※ 공범

임의적 공범 | 필요적 공범
공동정범 | 집합범
교사범·종범 | 대향범

예외) O | X
공소시효정지 (§253 ②)

친족상도례 (형법 §328)

① 직. 배. 동. 동. 배 : 형면제

②   X   : 고소 O → 공소제기 可
                 (상대적 친고죄)

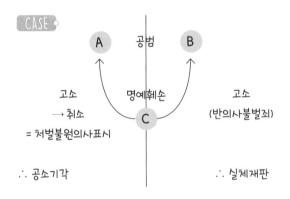

CASE

A   공범   B

고소   명예훼손   고소
→ 취소   C   (반의사불벌죄)
= 처벌불원의사표시

∴ 공소기각   ∴ 실체재판

4. 고소취소 ── 수사기관 / 법원

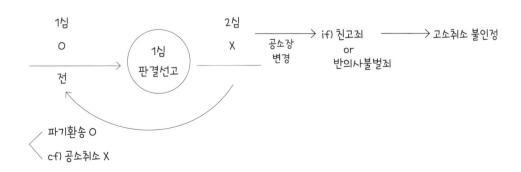

1심   2심   공소장 → if) 친고죄 ──── → 고소취소 불인정
O   1심   X   변경   or
전   판결선고   반의사불벌죄

파기환송 O
cf) 공소취소 X

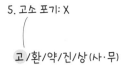

5. 고소 포기: X

고 / 환 / 약 / 진 / 상 (사·무)

<고소의 절차 – 기간>

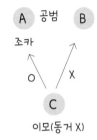

A   공범   B

조카

O   X

C

이모(동거 X)

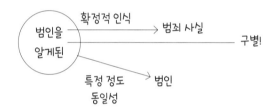

범인을 알게된 ──확정적 인식──→ 범죄 사실 ──── 구별!

특정 정도
동일성 ──→ 범인

<고소취소>

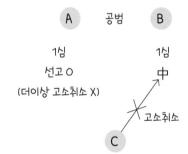

A   공범   B

1심   1심

선고 O   中

(더이상 고소취소 X)

✕ 고소취소

C

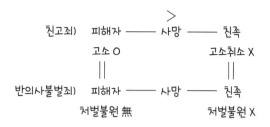

CASE 2010도2680

친고죄) 피해자 ———— 사망 ———— 친족
　　　　　고소 O　　　　　　　　 고소취소 X
　　　　　　‖　　　　　　　　　　‖
반의사불벌죄) 피해자 ———— 사망 ———— 친족
　　　　　처벌불원 無　　　　　　　 처벌불원 X

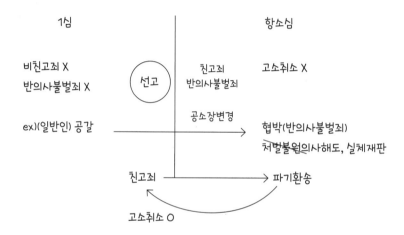

　　1심　　　　　　　　　　　　　　　　항소심

비친고죄 X
반의사불벌죄 X　　　　　　　　　　　고소취소 X
　　　　　　　　　（선고）　친고죄
　　　　　　　　　　　　　반의사불벌죄

ex)(일반인) 공갈 ————————————→ 협박(반의사불벌죄)
　　　　　　　　　　　공소장변경　　처벌불원의사해도, 실체재판

　　　　　　　친고죄 　　　　　　→ 파기환송
　　　　　　　　　　　↖＿＿＿＿＿＿
　　　　　　고소취소 O

CASE 2016도9470

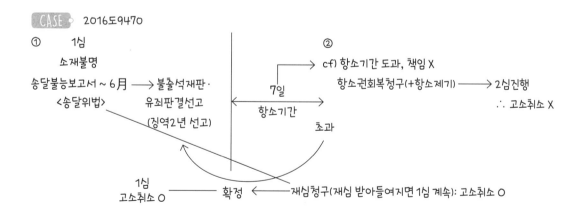

① 　　1심
　　소재불명　　　　　　　　　　　　　②
송달불능보고서 ~ 6月 ——→ 불출석재판·　　　→ cf) 항소기간 도과, 책임 X
　　〈송달위법〉　　　유죄판결선고　　　　　　항소권회복청구(+항소제기) ———→ 2심진행
　　　　　　　　　　(징역2년 선고)　7일　　　　　　　　　　　　　∴ 고소취소 X
　　　　　　　　　　　　　　　　　항소기간
　　　　　　　　　　　　　　　　　　초과
　　　1심
　　고소취소 O ———— 확정 ←——— 재심청구(재심 받아들여지면 1심 계속): 고소취소 O

〈고소권 포기〉 X

5 고발

CASE 2004도4066

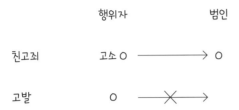

	행위자	범인
친고죄	고소 O ─────→	O
고발	O ──✕──→	

제 3 절 임의수사

검사 ──영장──→ 법관
청구   발부

〈전기통신 감청〉

대화당사자 (감청 X)

甲

라인 간의 대화
ing

A
↕
B

= 감청 O
(위법)

~ing   ~ed
↓   ↓
O   X

이미 끝난 통신은
감청으로 보지 않음

甲

A   e-mail ed

e-mail

B

감청 X

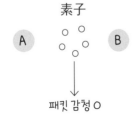
素子

A   ○ ○   B
    ○ ○
    ○

↓

패킷 감청 O

영장 - 사건단위설 ⟷ 통신제한조치허가서 - 피의자별·피내사자별 청구
↓   ↓
유효기간 7日   ⟷   2月

긴급감청 - 지체없이 검사승인

사후허가 - 36시간 이내 + 법원(대통령)허가 or 중지

1 2020.03.24. 통비법 개정 <현행> §12의2

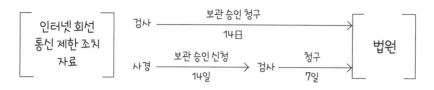

"패킷 감청 : 적법 + 보관승인"

2 2019.12.31. 통비법 개정 <현행>

통신 제한 조치 2개월 기간 연장 제한 ─< 총 연장기간 **1년**
국가 안보 관련 문제 **3년**

<전기통신 감청 객체>

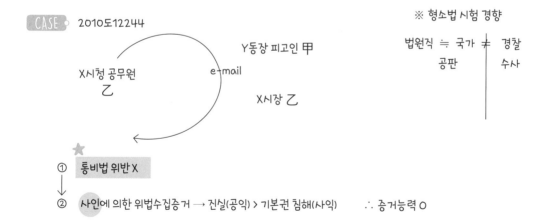

※ 형소법 시험 경향

법원직 ≒ 국가 ≠ 경찰
　　　 공판 　　수사

CASE 2010도12244

X시청 공무원
乙

Y동장 피고인 甲
e-mail
X시장 乙

① **통비법 위반 X**
↓
② **사인에 의한 위법수집증거** → 진실(공익) > 기본권 침해(사익)   ∴ 증거능력 O

<보호실유치> X
<마취분석> X
<사진촬영> O
<계좌추적> X
　cf) 법원 제출명령/영장으로는 가능

<타인 간의 대화>

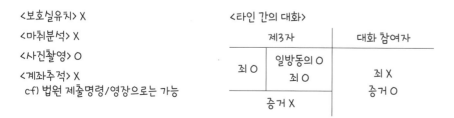

	제3자	대화 참여자
죄 O	일방동의 O 죄 O	죄 X 증거 O
	증거 X	

<승낙수색과 승낙검증>

CASE ● 2008도7471

지문

승낙수색 + 승낙검증 + §218 유류물 압수 (영장 不要)
                (오관)
→ 증거능력 O

<피의자신문>

의의: 출석요구 + 진술을 들음

  (if 불응 시, → 영장에 의해 체포)

      진술거부권 고지 (if not, 위수증 ∴ 증거 X)

  거
  /불
  /포
  /변 (if 참여권 보장 X, 위수증 ∴ 증거 X)
  /검

<피의자신문>

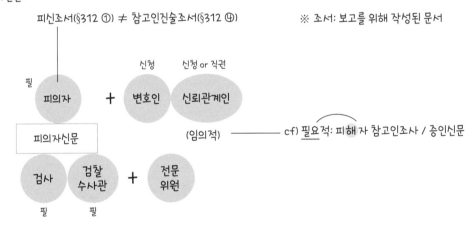

피신조서(§312 ①) ≠ 참고인진술조서(§312 ④)   ※ 조서: 보고를 위해 작성된 문서

                    신청   신청 or 직권

필
피의자   +   변호인   신뢰관계인

피의자신문   (임의적) ——— cf) 필요적: 피해 자 참고인조사 / 증인신문

검사   검찰   +   전문
      수사관   위원
필   필

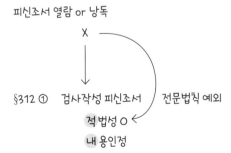

피신조서 열람 or 낭독

        X

§312 ①   검사작성 피신조서) 전문법칙 예외
        적법성 O
        내 용인정

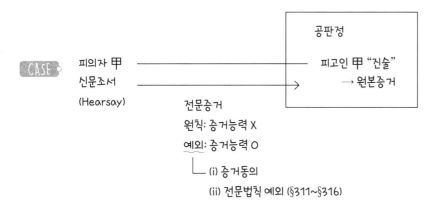

CASE

피의자 甲 ─────────────────────── 피고인 甲 "진술"
신문조서 ───────────────────────→ → 원본증거
(Hearsay)

공판정

전문증거
원칙: 증거능력 X
예외: 증거능력 O
└─ (i) 증거동의
(ii) 전문법칙 예외 (§311~§316)

영상녹화

피의자신문	참고인조사
사전고지	사전동의
(동의 不要)	

<변호인 참여방법> (≒ 변호인이 되려는 자 X)
≠ 접견교통권

원칙	예외
신문 후	신문 중
변호인 의견진술	① 부당 이의제기 O
	② 승인, 의견진술 O

고지 ─ 거/불/포/변/검   참여변호인 지정 ─ 피 ─ 검/사 순
신청 ─ 신청 (법/배/직/형)   의   사 경
        ≠ 적부심·보석: 법/배/직/형/가/동/고   자

<피의자신문참여권의 제한>

＊ 헌법상 기본권

'법원'의 결정 (수소법원)	'수사기관' 처분
항고 (§402.§403) 압／구／보／감	준항고 (§417): 압 수 구 금 변호인 피의자신문참여권 제한

<피의자 이외의 자에 대한 조사>

참고인조사 ― ① 출석요구 X
           ② 진술거부권 고지의무 X
           ③ 증인신문청구 O
           ④ 영상녹화 O (동의 要)
           ⑤ 검찰수사관 참여 不要

⑥ '피해자' 참고인조사 시 신뢰관계자 임의·필요적 동석
↓
불안하고 긴장하면 혼자 할 수 있는데 (임의적 동석)/
13/장은 필요적 동석!

강제처분과 강제수사

제 1 절 체포와 구속

1 체포

<체포> 영장체포 / 긴급체포 / 현행범 체포

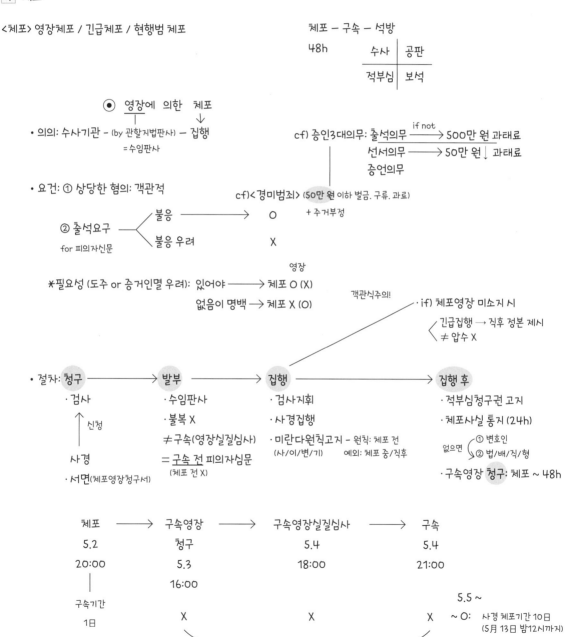

체포 ─ 구속 ─ 석방

48h

수사	공판
적부심	보석

⦿ 영장에 의한 체포
↓
• 의의: 수사기관 ─ (by 관할지법판사) ─ 집행
= 수임판사

cf) 증인3대의무: 출석의무 ──if not──→ 500만 원 과태료
선서의무 ──────→ 50만 원↓ 과태료
증언의무

• 요건: ① 상당한 혐의: 객관적

cf)<경미범죄> (50만 원 이하 벌금. 구류. 과료)
+ 주거부정

② 출석요구 ─ 불응 ─────→ O
for 피의자신문 불응 우려   X

*필요성 (도주 or 증거인멸 우려): 있어야 ────→ 체포 O (X)
없음이 명백 ──→ 체포 X (O)

영장

객관식주의!

·if) 체포영장 미소지 시
긴급집행 → 직후 정본 제시
≠ 압수 X

• 절차: 청구 ──────→ 발부 ──────→ 집행 ──────→ 집행 후
·검사   ·수임판사   ·검사지휘   ·적부심청구권 고지
  ↑ 신청   ·불복 X   ·사경집행   ·체포사실 통지 (24h)
                    ≠구속(영장실질심사) ·미란다원칙고지 ─ 원칙: 체포 전   없으면 ① 변호인
사경   = 구속 전 피의자심문   (사/이/변/기) 예외: 체포 중/직후   ② 법/배/직/형
·서면(체포영장청구서)   (체포 전 X)   ·구속영장 청구: 체포 ~ 48h

체포 ──────→ 구속영장 ──────→ 구속영장실질심사 ──────→ 구속
5.2   청구   5.4   5.4
20:00   5.3   18:00   21:00
             16:00
구속기간   5.5 ~
1日   X   X   X   ~ O: 사경 체포기간 10日
                                                          (5月 13日 밤12시까지)

서류: 피의자가 법원에 있는 기간(수사 不可) ∴ 구속기간에서 제외

◉ 긴급체포

• 의의: 긴급성으로 → 영장없이 체포

• 요건: 긴 / 중 / 필

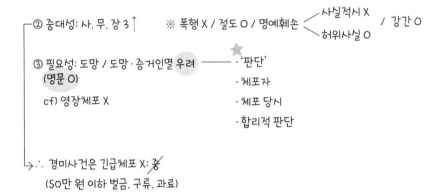

①긴급성:

┌② 중대성: 사. 무. 장 3↑   ※ 폭행 X / 절도 O / 명예훼손 ┬ 사실적시 X ┐ / 강간 O
│   └ 허위사실 O ┘
│
│③ 필요성: 도망 / 도망·증거인멸 우려 ─── ·'판단' ★
│   (명문 O)   ·체포자
│   cf) 영장체포 X   ·체포 당시
│   ·합리적 판단
│
└∴ 경미사건은 긴급체포 X: 중
    (50만 원 이하 벌금. 구류. 과료)

• 절차

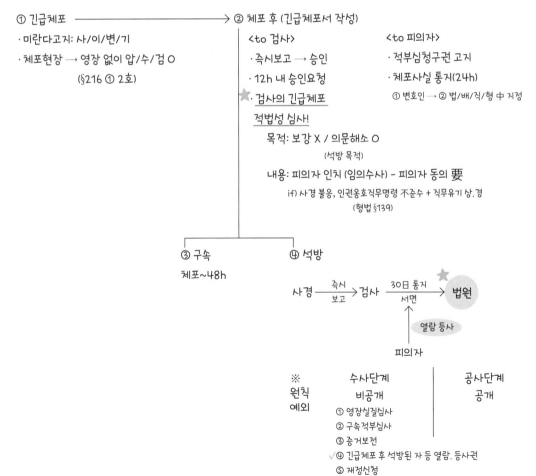

① 긴급체포 ─────────────────→ ② 체포 후 (긴급체포서 작성)
·미란다고지: 사/이/변/기   <to 검사>   <to 피의자>
·체포현장 → 영장 없이 압/수/검 O   ·즉시보고 → 승인   ·적부심청구권 고지
        (§216 ① 2호)   ·12h 내 승인요청   ·체포사실 통지(24h)
                                   ★ ·검사의 긴급체포   ① 변호인 → ② 법/배/직/형 中 지정
                                      적법성 심사!
                                      목적: 보강 X / 의문해소 O
                                          (석방 목적)
                                      내용: 피의자 인치 (임의수사) - 피의자 동의 要
                                        if) 사경 불응, 인권옹호직무명령 不준수 + 직무유기 상.경
                                            (형법 §139)

③ 구속   ④ 석방
체포~48h

            사경 ──즉시보고──→ 검사 ──30日 통지/서면──→ 법원 ★
                                              │
                                          ┌열람 등사┐
                                              │
                                            피의자

※   수사단계   │ 공사단계
원칙   비공개   │ 공개
예외   ① 영장실질심사
               ② 구속적부심사
               ③ 증거보전
             ✓④ 긴급체포 후 석방된 자 등 열람. 등사권
               ⑤ 재정신청

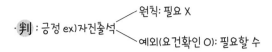

· **判** : 긍정 ex)자진출석 ── 원칙: 필요 X
　　　　　　　　　　　　　 └── 예외(요건확인 O): 필요할 수

◉ 재체포 제한

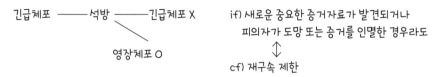

긴급체포 ──── 석방 ──── 긴급체포 X　　　if) 새로운 중요한 증거자료가 발견되거나
　　　　　　　　　　＼　　　　　　　　　　　 피의자가 도망 또는 증거를 인멸한 경우라도
　　　　　　　　　　 영장체포 O　　　　　　 ⇕
　　　　　　　　　　　　　　　　　　　　cf) 재구속 제한

◉ 현행범 체포

• 의의: 범죄를 범한 사람, 막 범한 사람, 준현행범 ⟶ 영장없이 체포(누구든지)

• 요건: 현/명/필　　　　　　　 ↓
　　　　　　　　　　　　　 준/불/장/신/물

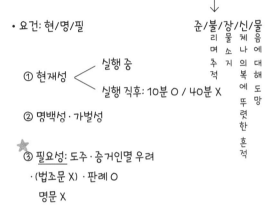

① 현재성 ── 실행 중
　　　　　　└ 실행 직후: 10분 O / 40분 X

② 명백성·가벌성

⭐ ③ <u>필요성</u>: 도주·증거인멸 우려
　　 ·(법조문 X) · 판례 O
　　　명문 X

（세로글씨）준/불/장/신/물
리물체음
며소나에
추지의대
적　복해
　　에도
　　뚜망
　　렷
　　한
　　혼
　　적

• 절차

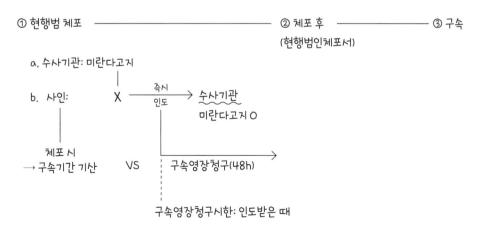

① 현행범 체포 ──────────── ② 체포 후 ──────── ③ 구속
　　　　　　　　　　　　　　　　　(현행범인체포서)

a. 수사기관: 미란다고지

b. 사인: 　　 X ─즉시/인도→ <u>수사기관</u>
　　　　　　 │　　　　　　 미란다고지 O
　　　　　　 │
　　 체포 시 │
　 → 구속기간 기산　 VS 　구속영장청구(48h)
　　　　　　　　　　　 ┊
　　　　　　　 구속영장청구시한: 인도받은 때

CASE ◦ 2015도13726

바지선 필로폰
　　현행범 체포 O ──압수방법──→ 압수

§216 ① 2호 체포현장 압수	§218 임의제출물 압수 (현행범 체포 시 可)	⭐⭐ ⇒ 판례가 처음 판시!
사후영장 필요	불요 ↓ 증거 O	

2 구속

※ 간략 정리

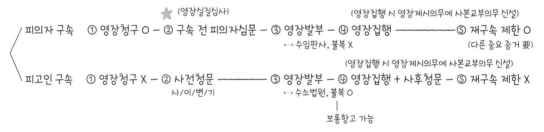

피의자 구속　　⭐ (영장실질심사)
① 영장청구 O – ② 구속 전 피의자심문 – ③ 영장발부 – ④ 영장집행 ──────── ⑤ 재구속 제한 O
　　　　　　　　　　　　↳ 수임판사, 불복 X　　　　　　(영장집행 시 영장제시의무에 사본교부의무 신설)　(다른 중요 증거 要)

피고인 구속　　① 영장청구 X – ② 사전청문 ──────── ③ 영장발부 – ④ 영장집행 + 사후청문 – ⑤ 재구속 제한 X
　　　　　　　　　　　 사/이/변/기　　　　　 ↳ 수소법원, 불복 O
　　　　　　　　　　　　　　　　　　　(영장집행 시 영장제시의무에 사본교부의무 신설)
　　　　　　　　　　　　　　　　　　　　　보통항고 가능

접견교통권

수사	공판
적부심	보석(청구)

(공통)　구속집행 정지 (직권)
　　　　구속실효 ┌ 구속취소
　　　　　　　　 └ 구속당연실효

◉ 피의자 구속

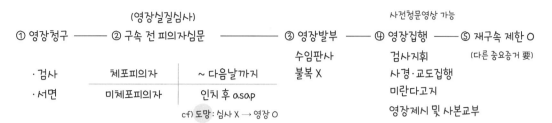

① 영장청구 ——— ② 구속 전 피의자심문 (영장실질심사) ——— ③ 영장발부 ——— ④ 영장집행 ——— ⑤ 재구속 제한 ○

· 검사   체포피의자   ~ 다음날까지
· 서면   미체포피의자   인치 후 asap
                   cf) 도망 : 심사 X → 영장 ○

③ 영장발부: 수임판사, 불복 X

④ 영장집행: 사전청문영상 가능, 검사지휘, 사경·교도집행, 미란다고지, 영장제시 및 사본교부

⑤ 재구속 제한 ○ (다른 중요증거 要)

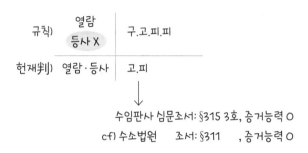

규칙)   열람 / 등사 X | 구.고.피.피

헌재判)   열람·등사 | 고.피
                      ↓

수임판사 심문조서: §315 3호, 증거능력 ○

cf) 수소법원   조서: §311   , 증거능력 ○

◉ 피고인 구속

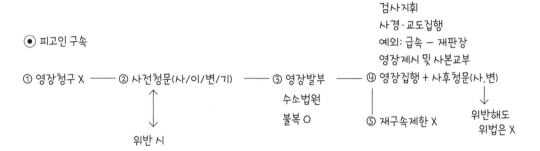

① 영장청구 X ——— ② 사전청문(사/이/변/기) ——— ③ 영장발부 ——— ④ 영장집행 + 사후청문(사.변)
                           ↑↓

② 사전청문: 위반 시

③ 영장발부: 수소법원, 불복 ○

④ 영장집행: 검사지휘, 사경·교도집행, 예외: 급속 – 재판장, 영장제시 및 사본교부

⑤ 재구속제한 X

사후청문(사.변) → 위반해도 위법은 X

위반 시

원칙) 위법
예외) 절차적 권리 실질적 보장 시, 적법
   cf) 모두절차, 실질적 보장 X

   cf) 진술거부권 고지 X
      이미 공판시작 때 했으므로

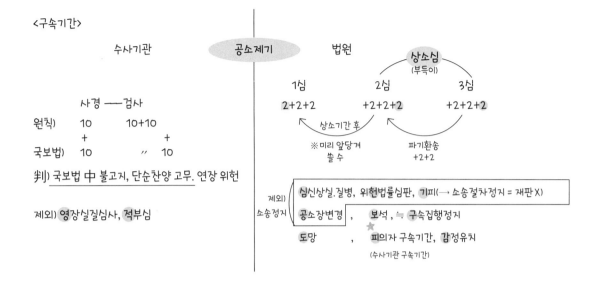

<구속기간>

수사기관

공소제기

법원

상소심
(부득이)

1심   2심   3심
2+2+2   +2+2+2   +2+2+2

사경 —— 검사

원칙)   10   10+10
          +   +
국보법) 10   〃 10

상소기간 후

※미리 앞당겨
쏠 수

파기환송
+2+2

判) 국보법 中 불고지, 단순찬양 고무. 연장 위헌

제외) 영장실질심사, 적부심

제외)   심신상실.질병, 위헌법률심판, 기피(→ 소송절차정지 = 재판 X)
소송정지 공소장변경 ,   보석 , ≒ 구속집행정지
        도망   ,   피의자 구속기간, 감정유치
                    (수사기관 구속기간)

※ 다른 중요한 증거

• 재구속 제한: '수사기관' 구속 —— 석방 → if 다.중 X —— 구속 X
            (법원 X)

• 재기소 제한: 검사, 공소취소 —— 공소기각결정·확정 → if 다.중 X —— 공소제기 X
            (공/사/관/포)

• 재정신청기각: 재정신청기각결정·확정 → if 다.중 X → 공소제기 X

〈구속영장의 효력범위〉

• 원칙) 사건단위설

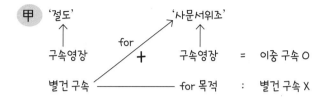

甲   '절도'   '사문서위조'

구속영장   for   구속영장   =   이중 구속 O

별건 구속 ────── for 목적   :   별건 구속 X

• 예외) 인 단위설

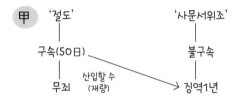

甲   '절도'   '사문서위조'

구속(50日)   불구속

무죄   산입할 수   → 징역1년
        (재량)

---

3 피의자·피고인의 접견교통권

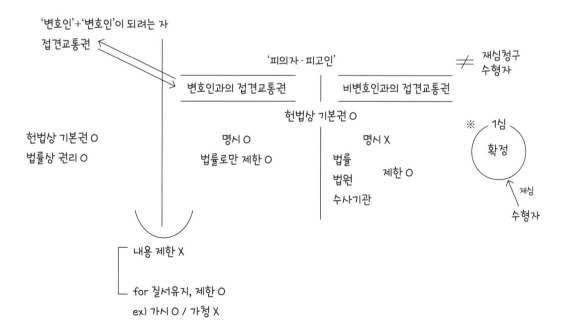

CHAPTER 02 강제처분과 강제수사 • **059**

91헌마111 판례	2009헌마341 판례
접견	접견권
사실상 현재 상태	기본권
제한 X	제한 O

항고 ⟷ 수소법원 (§403 ② 압/**구**/보/감)

준항고 ⟷ 수사기관 (§417 압/**구**/변)

행정소송 ⟷ 구치소장

cf) 헌법소원: 원칙 X (보충성)
　　　　　　　예외 O

1. 의의: 체포/구속이 적법한지 or 계속 체포/구속이 적당한지 심사(심판)

   ※ 구속적부심: 48+24 / 보석: 7+7 / 약식: 14日+7日

2. 청구
   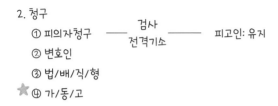
   ① 피의자청구 ──── 검사 ──── 피고인: 유지
                    전격기소
   ② 변호인
   ③ 법/배/직/형
   ★ ④ 가/동/고

3. 심사 (48h)
   • 합의부 or 단독
   • 영장발부 법관
     : 원칙 X
     예외(다른 법관): O (직근상급법원 X)
     cf) 기피신청재판
     · 합의부 ──────→ 직근상급법원
              구성 X

4. 결정 (24h)
   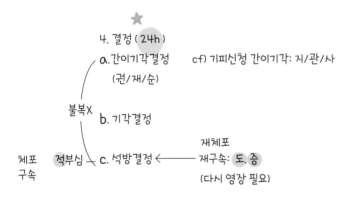
   a. 간이기각결정   cf) 기피신청 간이기각: 지/관/사
      (권/재/순)

   불복X b. 기각결정

   체포   재체포
   구속 적부심 c. 석방결정 ←──── 재구속: 도.증
                              (다시 영장 필요)

   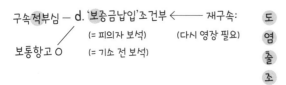
   구속적부심 ─ d. '보증금납입' 조건부 ←──── 재구속: 도
              /   (= 피의자 보석)   (다시 영장 필요)   염
   보통항고 O   (= 기소 전 보석)   출
                                                조

5 보석

<보석>: ⓐ 지없 – ⓑ 지없 – ⓒ 7 – ⓓ 항/항 – ⓔ 항 – ⓕ 7
　　　　　(지체없이)

1. 의의: 보증금 등 일정한 조건 下, 구속집행정지하고 구속인 피고인 석방
　　　　　(구속영장 효력은 유지)

2. 종류

(1) 청구 ┬ 원칙: 필요적 (하여야)　　　　　(2) 직권–청구: 임의적 보석
　　　　　│
　　　　　└ 예외: 필요적 보석 제외 사유
　　　　　　　┌ (보석허가 할 수 O / 금지 X)
　　　　　　　│
　　　　　　사유: 사. 무. 장10
　　　　　　　　누범, 상습
　　　　　　　　죄 증 인멸. 우려
　　　　　　　　도망. 우려
　　　　　　　　주거 분명 X
　　　　　　피해자 등 해를 가할 염려

3. 절차

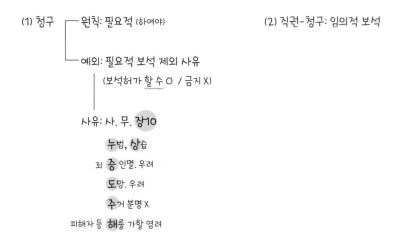

① 청구 ──────── ② 심사 ───────────→ ③ 결정 (ⓒ7일) ←───→ 불복 (§403 ⓓ 압/구/보/감)
피고인　　　　　• 수소법원　　　　　　ⓐ 보석청구 기각결정 ←──→ 보통항고
변호인　　　　　• ⓑ지없, 심문기일 지정·통지　　　　　　　　　　　　　　ⓔ
법/배/직/형　　• 검사의견 청취 ──→ ⓑ지없 의견　　　ⓑ 보석허가결정 ←──→ 보통항고
가/동/고　　　　　(구속력 X)　　　　(다음날까지)

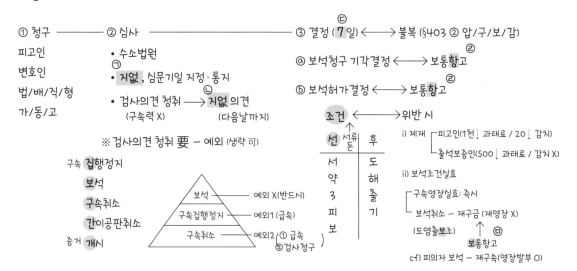

※ 검사의견 청취 要 – 예외 (생략 可)

구속 집행정지
　　보석
　　구속취소
　　간이공판취소
증거 개시

조건 ←───→ 위반 시

선 ← 서류돈 후

서 | 도
약 | 해
3 | 출
피 | 기
보 |

i) 제재 ┬ 피고인(1천↓ 과태료 / 20↓ 감치)
　　　　└ 출석보증인(500↓ 과태료 / 감치 X)

ii) 보석조건실효
┌ 구속영장실효: 즉시
└ 보석취소 – 재구금 (재영장 X)
　　(도영출보조)　　　↑ⓕ
　　　　　　　　　　보통항고
cf) 피의자 보석 – 재구속(영장발부 O)

(피라미드 도표)
보석 ─── 예외 X (반드시)
구속집행정지 ─── 예외1 (급속)
구속취소 ─── 예외2 ① 급속
　　　　　　　　　② 검사청구

- 보증금몰취 (피의자 보석 = 피고인 보석)

임의적(할수)	★ 필요적(몰수하여야)
재구금	유죄확정 – 도망

- 보증금환부: ⑪ 7

6 구속의 집행정지

피고인의 청구권	X → 직권
대상	피고인 · 피의자
검사의 의견청취	O (급속 시 X)

- 관련 문제
i) 감정유치 – 구속집행정지 O
       – 구속기간 제외 O
       – 미결구금일수 산입 O

ii) 국회의원 석방요구
   – 구속집행정지 O (현행범 X)
   – 별도의 결정 X
   – 검찰 총장: 즉시 석방 지휘

CASE 2000헌마474

적부심 변호인

구.고.피.피	고.피(判)
열람 ○	열람 ○
~~복사~~	등사 ○

CASE 2003도5693

구속적부심문조서

증거능력	증명력(判)
○ §315 3호	신중

1심	효력
무죄판결선고 ——————→	구속실효
적부심석방결정 ——————→	송달

CASE

(1심)　　　　　　　　소송기록송부
　　　　　　　　　　　전 ———————→ 2심

불구속 — 징역1년 — 구속

선고 ←——————→ 항소기간
　　　　　　　　　　7日

① 항소장
+
보석청구

※ 속시항고 두문자

집/공/기/참/정/상

선 / 비용 \ 재
  (보상)
  (배상)
  \ 과태료 /
   ∴ 돈

재/구/감

구속의 실효 - 구속취소 및 당연실효

◉ 구속·당연실효

① 구속기간 만료: X

② 석방판결선고

    ex) 1심

      무죄

------ 선고 : 구속실효

구속 中

③ 사형·자유형 확정 (선고)

  (징역·금고·구류)

  ex) 1심

  징역1년 -------------------- 확정 ─ 형집행: 구속실효

    선고 ──────── 항소기간

             항소X

  (구속유지)   도과

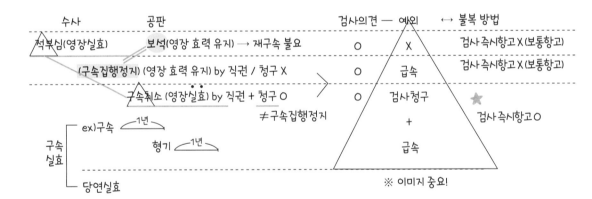

※ 이미지 중요!

제 2 절 압수·수색·검증·감정

1 압수·수색

Ⅰ. 의의:
- 압수(seizure): 증거물 or 몰수할 것으로 예상되는 물건의 점유 취득하는 강제처분
- 수색(search): 증거물 or 몰수할 물건 or 체포할 사람을 발견하기 위해
  주거·신체 등에 행해지는 강제처분

Ⅱ. 목적물

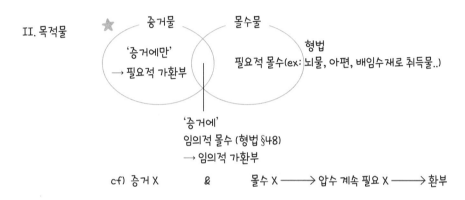

증거물 　　　　　 몰수물

'증거에만'
→ 필요적 가환부

형법
필요적 몰수(ex: 뇌물, 아편, 배임수재로 취득물..)

'증거에'
임의적 몰수 (형법 §48)
→ 임의적 가환부

cf) 증거 X　　&　　몰수 X ───→ 압수 계속 필요 X ───→ 환부

• 랜덤 X

　　　　　→ ✻ 정보저장매체

무관 　　　✻ 특칙
→ STOP
&
영장

Ⅲ. 요건 (압 - 관/필/비)
- ① 관련성
- ② 필요성
- ③ 비례성

Ⅳ. 절차
• '법원'의 압수·수색

┌──── 법원 ────┐
│ 공판정 內　　　外 │
│ 　영장 불요　　영장 필요 │
└──────────┘

cf) 법원 검증, 공판정 내외 불문 영장 불요

① 청구 ——→ 발부

② 집행
    i) 긴급집행 X (=영장 <u>미소지 시</u>, 압수·수색집행 X) ≠ cf) 체포·구속　긴급집행 O
    ii) 영장 소지 & 제시 ——→ '모두에게　 & 사본교부의무 신설(예외 有)
                       ↘ 개별적 제시'
                ↓
          └ 단, 예외: 현실적 제시 불가능 시 제시 X (피압수자 - 도망 등)

    iii) 참여권 보장: ┌ 원칙: 통지
                  └ 예외: 불참 명시 / 급속 - 통지 X

    iv) 야간집행 제한 - 예외 ┌ 도박 등 풍속 해하는 행위
                     └ 음식점 등 야간 출입 가능 장소 (공개시간 내)

    v) 집행 종료 후, (기간 내) 재집행 금지

③ ┌ '압수물 목록' 교부: 압수 직후 바로
  │   ••
  │　(압수조서 교부 X)
  │
  └ (압수물 없으면) '수색증명서' 교부

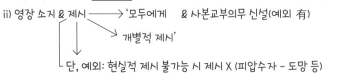

V. 영장주의의 예외: §216. 217. 218

VI. 압수물의 처리
    ① 원칙 - 자청보관　　　　　　　　　　　(두문자)
    ② 위 탁보관 - 불편　　　　　　　　　※ 위·불·편
    ③ 폐 기처분 - 위험 물, 금지물(동의 필요)　폐·위·험
    ④ 대 가보관 - 몰 수 - 멸 실　　　　　대·몰·멸
      (=환가처분)

    가환부: 임시　　환부: 완전 돌려줌
              환부청구권(고환약진상: 포기 X)

통지

<압수·수색 검증의 영장주의의 예외>

[1] §216 ① 1호. 체포·구속 목적 피의자 수색 → 사후영장 X 영장체포·구속 | 긴급체포·현행범 체포 ─ §216 ←─○─ §220
　　　　　　　　　　　　　　　　　　　　　　　　　 긴급성 要 | 긴급성 不要 　　(현장성 O)　<요급처분>
　　　① 주거주 등 참여 X
　　　② 야간집행 제한 X

　　　　　　　　　　　　　　　　　　　　　　'압수·수색'
[2] (§216 ① 2호.) 체포(구속) 현장 압.수.검 → 사후영장 O: 지체없이(체포~48h)
　　　　　　　　　　　　　　　　　　　　　(§217 ②)

[3] §216 ② (법원의 피고인 구속 현장 압.수.검)

[4] (§216 ③) 범죄장소　　압.수.검 → 사후영장 O: 지체없이 (48h)
　　　　　　　　　　　　　　　§216 ③ 자체 해결 / §217 ② X

←─────────────────────────────────────

[5] (§217 ①) 긴급체포된 자 소유·소지·보관 압.수.검　　　(체포) ~ 24h　　※ 체포 24 & 48　§217
　　　　　　　　　　　→ 사후영장: (체포) ~ 48h　　　　　　　　　　　　　　§218　←✕ §220 X
　　　　　　　　　　　　　　　　　(압수검) 너무 늦어짐　　　　　　　　　　(현장성 X)
　　　　　　　　　　　　　　　　　　　　　　　　　　cf) 적부심: 48+24

[6] (§218) 유류물·임의제출물 압수 → 사후영장 X

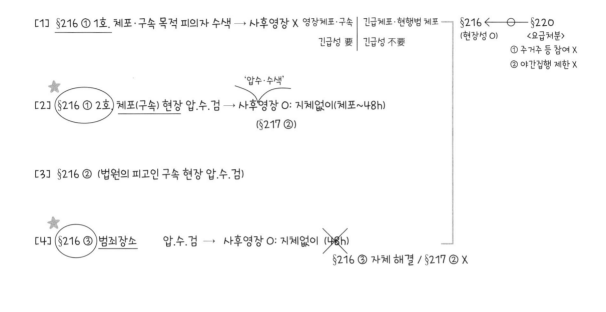
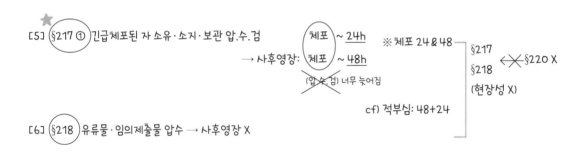

CASE · 2003모126

※ 수사기관의 처분 '준항고'(§417)
압/구/변

CASE · 2011모1839 [2]

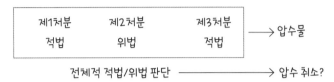

제1처분	제2처분	제3처분	⟶ 압수물
적법	위법	적법	

전체적 적법/위법 판단 ─────────⟶ 압수 취소?

CASE · 2009도11401

증거동의(반대신문권 포기)

증거능력 없는 전문증거	O
위법수집증거	X
자백배제법칙	

CASE · ex) 관세법 위반한 화장품 + 유통기한 임박 ⟶ 대가보관
　　　　　(몰수물)　　　　　　　　　　　　(환가처분)

<압수물의 처리 – 2. 압수물의 환부와 가환부>

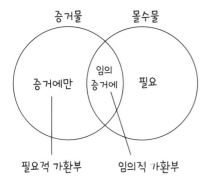

증거물   몰수물

증거에만   임의
증거에   필요

필요적 가환부   임의적 가환부

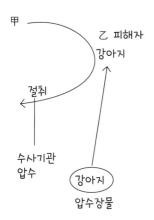

甲   乙 피해자
강아지

절취

수사기관
압수

강아지
압수장물

1. 환부

		예외적
피고사건 종결 전	압수물의 필요적 환부결정	압수장물의 피해자환부 임의적 환부결정
종국재판	(환부 의무 O) ∴ 몰수선고 X → 환부간주 if 돌려주지 않으면 검사에게 재판집행에 대한 이의신청	필요적 환부선고

(1) 가환부
　　① 의의
　　② 대상
　　③ 절차 ┬ 청구
　　　　　　├ 통지
　　　　　　└ 임의적/필요적 가환부

　　④ 효력

(2) 환부
　　① 의의
　　② 대상
　　③ 절차 ┬ 결정 (청구 X)
　　　　　　├ 환부청구권 포기 X
　　　　　　├ 통지
　　　　　　├ 필요적 환부
　　　　　　└ 환부불능과 공고: 8月

　　④ 효력
　　　• 압수 효력 상실
　　　• 실체법상 권리 효력 X
　　　• 몰수선고 X = 압수 해제 간주

　　⑤ 압수장물의 피해자환부
　　　• 의의
　　　• 요건: 피해자환부 명백 / 의문 X
　　　• 절차
　　　• 효력

　　⑥ 공소제기 전 압수물의 환부·가환부: 청구 – 필요적 환부·가환부

(3) 환부·가환부결정에 대한 불복

위법한 압수물도 몰수 O (압수 ≠ 몰수)

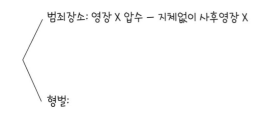

범죄장소: 영장 X 압수 ─ 지체없이 사후영장 X

형벌:

∴ 위법수집증거 ─ 증거능력 X
→ 압수 X (환부해야)

몰수 O

2. 수사상 검증

3. 수사상 감정

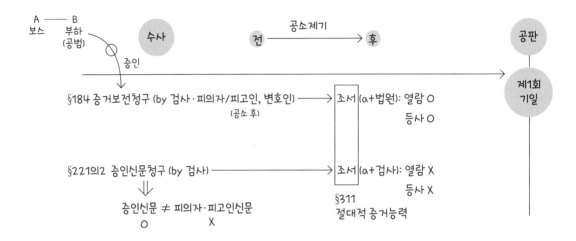

제3절 수사상의 증거보전

1 증거보전

I. 의의: '판사주재' 증거조사 · 증인신문 cf) 영장에 의한 체포 · 구속 · 압수 · 수색

II. 요건
  1. 증거보전 필요성
  2. 시한: 1회 공판기일 전

III. 절차
  1. 청구
    (1) 청구권자
    (2) 관할법원: 수소법원 X
    (3) 서면주의
    (4) 청구 내용: 피의자신문. 피고인신문 X
           공범자/공동피고인 증인신문 O

  2. 증거보전 처분
    (1) 청구에 대한 결정: 기각결정 및 불복 O – 3일 내 항고
    (2) 판사의 권한 및 당사자 참여권

<위법수집증거>

원칙: 증거동의 있어도, 증거능력 X

예외: 증거동의 시, 증거능력 O

① 참여권배제조서

② 증언번복조서

cf) 증거동의 대상

원칙: 전문증거

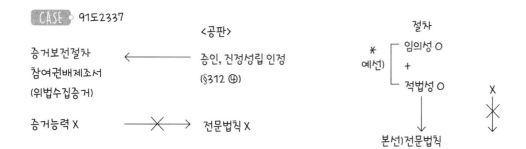

IV. 증거보전 후 절차 – 보전된 증거의 이용

　1. 증거물 보관

　2. 보전된 증거의 열람 등사: 당사자의 열람·등사권 O

　　　　　　　　　　　　　판사허가

　　　　　　　　　　　　　(수소법원 X)

　3. 조서의 증거능력 및 공판절차에서의 이용: 절대적 증거능력 (§311)

2 수사상 증인신문

I. 의의: 참고인조사 등 불응 시, 수임판사 힘을 빌려 수사활동

II. 요건

1. 증인신문 필요성

(1) 중요참고인의 출석 or 진술거부

(2) 진술번복 염려 X

2. 제1회 공판기일 전

III. 절차

1. 증인신문청구: 검사, 서면

2. 심사 및 결정: 기각결정 불복 X

3. 판사의 권한 및 당사자의 참여권 O

IV. 증인신문 후 조치

1. 서류의 송부: 검사에게 송부 ──→ 열람·등사권 불인정

2. 조서의 증거능력과 증거조사: 절대적 증거능력 (§311)

CHAPTER 03 수사의 종결

제1절 사경·검사의 수사종결

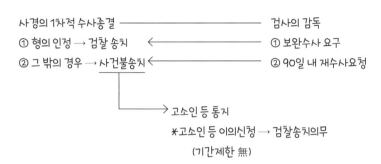

사경의 1차적 수사종결 ──────────── 검사의 감독

① 형의 인정 → 검찰 송치 ← ① 보완수사 요구

② 그 밖의 경우 → 사건불송치 ← ② 90일 내 재수사요청

→ 고소인 등 통지

＊고소인 등 이의신청 → 검찰송치의무

(기간제한 無)

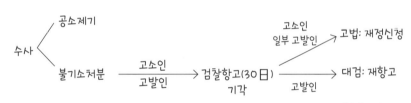

\<검사의 수사종결\>

수사 ⟨ 공소제기

불기소처분 ── 고소인 고발인 → 검찰항고(30日) 기각 → 고소인 일부 고발인 → 고법: 재정신청

고발인 → 대검: 재항고

cf) 헌법소원

- 고소인 X (재판은 헌소)
- 고발인 X (자기관련성 X)
- 고소 X 피해자 O
- 기소유예 피의자 O

• 협의의 불기소

1) 구 ──────────→ 혐의 없음
X

2) 구 + 위 + 책 ──────→ 죄 안 됨
O X
O O X

3) 구 + 위 + 책 + 소송조건 ──→ 공소권 없음
O O O X

• 기소유예

구 O + 위 O + 책 O + 소송조건 O

재량

(기소편의주의)

\<수사종결처분 통지\> (by 검사)

① 고소인·고발인: 공소제기 불기소. 공소취소. 타관송치 ─ 7일

불기소처분 이유 + 신청

② 피의자: 불기소처분 / 타관송치 ─ 즉시

③ 피해자 : 공소제기 ○/X / 공판 일시 장소 / 구금 ○/X 결과 + 신청

강제수사: X	임의수사: O

체포 · 구속 X

압수 · 수색 검증 ⎡ ★ 원칙: X

⎣ 예외(중요↓)

      ex) i) §216 ②

        ii) §218

피고인신문 O

참고인조사 O

cf. 공판정에서 증언 마친 증인 – 번복 – 참고인 진술조서: 위수증

                                  ‖

          (위증죄) 피의자신문조서: 위수증

증거동의 ⟶ 증거능력 O

     ⇕

피의자신문조서: 위수증 ⟶ 증거능력 X

제 1 절) 공소와 공소권 이론

<공소권 남용 이론>

I. 의의: 원칙, 공소제기 후에는 공소제기 적법여부 판단 X / 예외적으로 '공소제기가 너무 심한 경우', 법원이 판단
　　　　　　　　　　　　　　　(재판진행)　　　　　　　　　 소추재량권 현저히 일탈
　　　　　　　　　　　　　　　　　　　　　　　　　　　　　　　　　　↓
II. 인정 여부: O　　　　　　　　　　　　　　　　　　　　　　　　공소기각판결

III. 요건: 직무상 과실 정도로 X / 적어도 미필적 의도 O

IV. 유형
　　① 무혐의 기소: X (재판진행)
　　② 재량 일탈 기소: X　　　　　　∴ 기소편의주의
　　③ 차별적 공소제기: X
　　④ 누락 기소 O ──── 判　　무면허운전 > 절도
　　　　　　　　　　　　　　　공소 ①　　공소 ② (병합심리 기회 박탈) ──→ 공소기각판결
　　⑤ '위법수사' 기소 O ────────┐　　　　　　　　　　　　　　　　　　　　　　　∴ 소추재량권의
　　　　원칙: 증거만 배제하고 재판해야 / 위법함정수사 ── 공소기각판결　　　　　　현저한 일탈

I. 국가소추주의

(사인소추 X)

- 기소<u>독점주의</u> ┌ 원칙: **검사**
  └ 예외: 경찰서장 즉결심판청구

II. 기소편의주의 ←——— 예외: 기소강제주의
- 기소유예   재정신청
- 공소취소 = 기소변경주의

III. 공소<u>취소</u>

1. 의의: 검사 자신이 법원에 공소제기 철회 (※ 소송법 '취소' ≒ 철회.해지 / 소급효 X)

2. 절차
   (1) 주체: 검사
   (2) 방식: 서면 or 구술
   (3) 시기

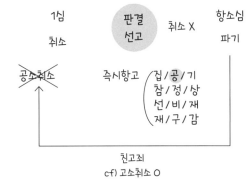

            1심   판결   취소 X   항소심
            취소   선고   파기

        공소취소   즉시항고 ┌ 집 / 공 / 기
                              │ 참 / 정 / 상
                              │ 선 / 비 / 재
                              └ 재 / 구 / 감

                    친고죄
                    cf) 고소취소 O

3. 효과

검사	법원	검사	법원	§327
공소취소	**공소기각결정** (공/사/관/포)	다른 중요증거 X 재기소	**공소기각판결** (재판권 X) 법률 위반 이중기소 공소취소 후 재기소 고소 취소 처벌불원	

다른 중요증거 要
- '피의자' 석방 후 재구속
cf. (피고인 재구속: 제한 X)

공소취소 후 재기소
- 재정신청기각결정 후 기소

4. 공소취소 VS 공소사실 철회 구별

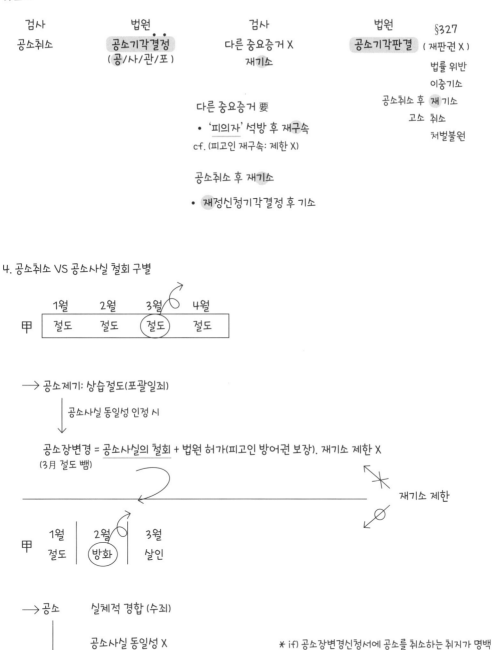

	1월	2월	3월	4월
甲	절도	절도	절도	절도

⟶ 공소제기: 상습절도(포괄일죄)

　　　 공소사실 동일성 인정 시

공소장변경 = 공소사실의 철회 + 법원 허가(피고인 방어권 보장). 재기소 제한 X
(3月 절도 뺌)

재기소 제한

	1월	2월	3월
甲	절도	방화	살인

⟶ 공소　　실체적 경합 (수죄)

　　　　　공소사실 동일성 X

공소의(일부)취소. (법원 허가 不要). 재기소 제한 O

＊ if) 공소장변경신청서에 공소를 취소하는 취지가 명백
　　⟶ 법원은 이를 공소취소로 보아 공소기각결정

IV. 재정신청

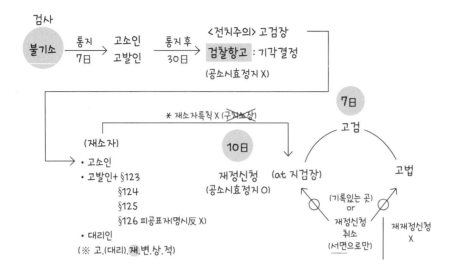

<전치주의 예외>

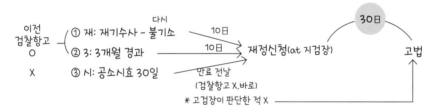

* 피고인 보석: 지없 – 지없 – 7 – 항·항 – 항 – 7
  재정신청: (7 – 30 –) 10 – 7 – 10 – 3月
  항소심: 7 – 14 – 즉 – 20 – 즉 – 10 – 즉

* 재소자특칙: O

• 재심청구
• 약식, 정식재판청구
• 참여재판희망서면제출
• 상소 ─ 제기
      포기·취하
      회복청구
      이유서제출

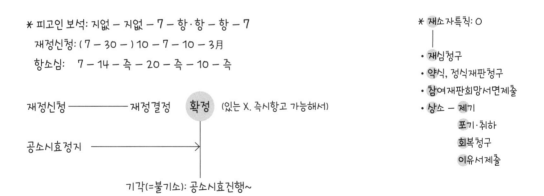

재정신청 ─────── 재정결정 확정 (있는 X. 즉시항고 가능해서)

공소시효정지 ──────────────────→

기각(=불기소): 공소시효진행~

공소제기결정 ─────→ 검사: 공소제기결정 있는 날부터 공소시효정지 (중간에 공소시효기간 도과 막고자)
      공소시효 중지   공소제기

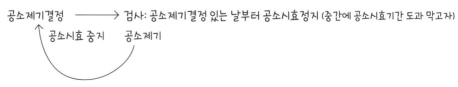

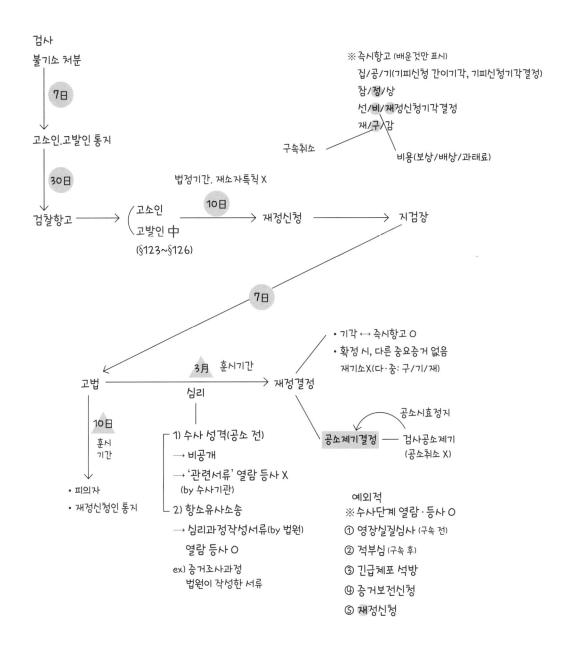

검사
불기소 처분

⬇ 7日

고소인.고발인 통지

⬇ 30日

검찰항고 ⟶ (고소인
고발인 中)
(§123~§126)

법정기간. 재소자특칙 X

⟶ 10日 ⟶ 재정신청 ⟶ 지검장

※ 즉시항고 (배운것만 표시)
집/공/기(기피신청 간이기각, 기피신청기각결정)
참/정/상
선/비/재정신청기각결정
재/구/감
구속취소 ⟶
비용(보상/배상/과태료)

⟶ 7日 ⟶

• 기각 ↔ 즉시항고 O
• 확정 시, 다른 중요증거 없음
재기소X(다·중: 구/기/재)

고법 ⟶ 3月 훈시기간 ⟶ 재정결정
심리

⬇ 10日
훈시
기간

• 피의자
• 재정신청인 통지

1) 수사 성격(공소 전)
→ 비공개
→ '관련서류' 열람 등사 X
(by 수사기관)
2) 항소유사소송
→ 심리과정작성서류(by 법원)
열람 등사 O
ex) 증거조사과정
법원이 작성한 서류

공소시효정지
공소제기결정 ⟶ 검사공소제기
(공소취소 X)

예외적
※ 수사단계 열람·등사 O
① 영장실질심사 (구속 전)
② 적부심 (구속 후)
③ 긴급체포 석방
④ 증거보전신청
⑤ 재정신청

V. 재정신청인의
비용부담 ┬ 국가에 대한 비용부담: '재정신청기각'결정. '재정신청취소' – 결정으로 부당하게 할 수 있음 (임의적)
│   cf) 공소제기결정 X   하여야 X
│
└ 피의자에 대한 비용부담 – 직권·피의자신청으로 부담하게 할 수 있음 (임의적)
하여야 X

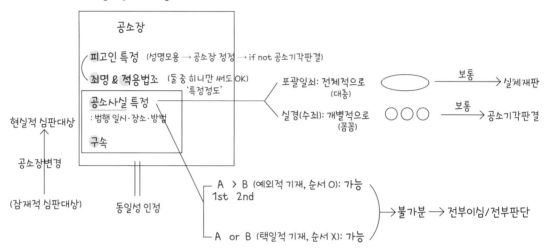

<공소장 제출>

서면 ≠ 정보저장매체. CD X

<공소장 기재사항>

공소장

피고인 특정 (성명모용 → 공소장 정정 → if not 공소기각판결)

죄명 & 적용법조 (둘 중 하니만 써도 OK)
'특정정도'

공소사실 특정
: 범행 일시·장소·방법

구속

현실적 심판대상

공소장변경

(잠재적 심판대상)   동일성 인정

포괄일죄: 전체적으로 → 보통 → 실체재판
(대충)

실경(수죄): 개별적으로 → 보통 → 공소기각판결
(꼼꼼)

┌ A > B (예외적 기재, 순서 O): 가능
│ 1st 2nd
│   ⟶ 불가분 ⟶ 전부이심/전부판단
└ A or B (택일적 기재, 순서 X): 가능

<공소장 일본주의>, 형소규칙

for 예단배제

┌ 의의: 첨부 X, 인용 X - 형소규칙 명문
│   (원칙) 여사기재 X - 判
│   (기타 등)
│
│
│
└ 예외: ┌ 첨부 O - 공-부/변/구
        ├ 인용 O - 공소사실 특정
        └ 전과, 동기 등(판사 예단 안 생김)

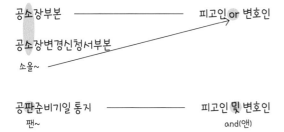

공소장부본 ————————— 피고인 or 변호인

공소장변경신청서부본
　소올~

공판준비기일 통지 ————————— 피고인 및 변호인
　팬~　　　　　　　　　　　　　　　　and(앤)

CASE • 2006도48

약속어음
금 10,000,000원
2018.5.23
발행인 甲

⟶ 압수물 제출 가능성 ↑
(언제 위조됐는지 중요 X), 기재 명확하지 않아도 OK

CASE • 89도1688

형법 §155 ① 증거위조
'타인의 형사사건'에 관한 ——— 누구 형사사건?　無
　증거위조 ——————— 어떻게 위조?　無
　　　　　　　　　　　∴ 특정 X

CASE • 2008도11187

형법 §314 ② 컴퓨터 업무방해
정보처리장치/전자기록 손괴 or 정보 허위입력해 정보처리 장애 발생
　　　　↓
사람의 업무방해 ——— 누구 업무방해?　無
　　　　　　　　　　∴ 특정 X

CASE 2016도2696

공모공동정범

수괴: 공모 O ──→ 실행 X   = 기능적행위지배 O
      │   │
      │   but 다른 부하들이 실행
      │
    특정 X

CASE 2015도17674

<'특허권' 침해사건>

                  침해
A제품(침해 제품) ──────→ B특허권(침해 대상): 특허번호 有
      │   │
      │   │
판례사안: 특정 X   안 쓰면, 특정 X

CASE 2014도1196

<'저작권' 침해사건>

 ≠   cf) 저작권(저작물 중요) / 저작권자 안중요
                    │
                    │
      저작권자 특정되지 않아도 OK
              특정 O

CASE 2001도5158

                  1st
공범 ──────────── 정범
                  │
                  │
                특정 X

포괄일죄: 결합범
　　　　계속범
　　　　접속범
　　　　연속범
　　　　집합범 ┬ 직업범
　　　　　　　├ 영업범
　　　　　　　└ 상습범

CASE ◦ 2008도11813

cf) ~~공소장~~ 제출 / 구술 진술 ⟹ 원칙: 성립 X (법원 아무 조치 X)

　　　　~~공소장~~
판례: 공소장변경허가신청서(피고인 특정 X) ⟶ 구술, 공소장 같음 ⟹ 공소제기 현저한 방식 위배, 공소기각판결
　　(서류 有)

┌ 전혀 특정 X ──────── 추완 X. 하자치유 X
└ (다소) 불명확 ──────── 하자치유 O

　　　　　　　　　　　　(검사에게)
암기! ▨오해·불명료▨ ──────── 법원, 석명(하게 할) 의무 O

제3자 뇌물수수

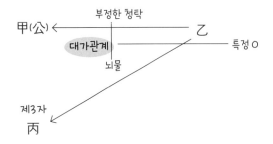

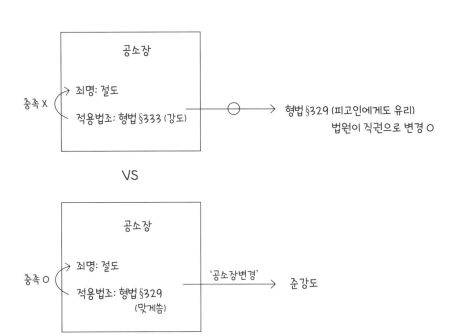

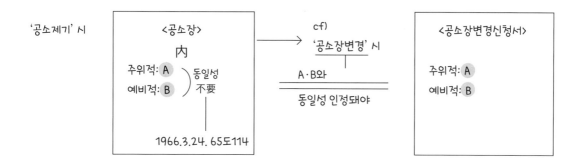

'공소제기' 시

<공소장>
内
주위적 : A ⎫ 동일성
예비적 : B ⎭ 不要
1966.3.24. 65도114

cf)
'공소장변경' 시
A·B와
──────────
동일성 인정돼야

<공소장변경신청서>
주위적 : A
예비적 : B

※일부상소

가분적 ─ A죄 : 유죄 ─────→ 일부상소 ─────→ 일부이심, 일부판결, 일부파기 ○
B죄 : 무죄, 확정
실경

cf) 예비적, 택일적 – 일부상소 X

• 공소장 일본주의 위배 ─────→ ① 이의제기 X
&
② 증거조사완료(심증) : ○
∴ 치유 ○

이의제기 ○ (2015.1.29. 2012도2957)
│
│
│
│
∴ 공소기각판결(치유 X)

계/시/판/강/고

※ 공소기각/관할위반판결 위법
→ 항소심: 파기환송

① 법원의 소송계속

② 공소시효정지: ────── 공소기각 확정 ────── 공소시효진행

관할위반

: 기판력 없는 형식재판(다시 재판 可)

cf) 유죄, 무죄, 면소판결(다시 재판 X) ────── 공소시효 개념 X
(형집행)

─── ③ 심판대상 한정

④ 강제처분권: 검사 ─→ 법원

⋮

─→ 공소제기 후 강제수사 X

⑤ 피의자 ─→ 피고인 = 당사자   공소제기효과 X

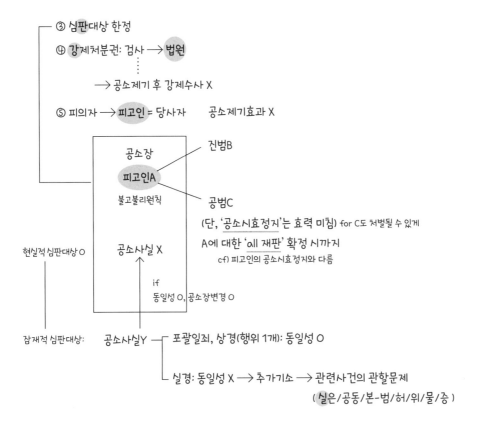

공소장

피고인A ─── 진범B

불고불리원칙 ─── 공범C

(단, '공소시효정지'는 효력 미침) for C도 처벌될 수 있게
A에 대한 'all 재판' 확정 시까지
cf) 피고인의 공소시효정지와 다름

현실적 심판대상 O   공소사실 X

if
동일성 O, 공소장변경 O

잠재적 심판대상: 공소사실Y ── 포괄일죄, 상경(행위 1개): 동일성 O

└ 실경: 동일성 X ─→ 추가기소 ─→ 관련사건의 관할문제
(실은/공동/본-범/허/위/물/증)

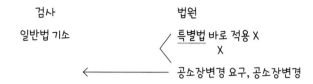

CASE 2005도9743

검사   법원
일반법 기소   특별법 바로 적용 X
                              X
        ←──────────── 공소장변경 요구, 공소장변경

- 일죄의 일부에 대한 공소제기: O

CASE • 99도1904

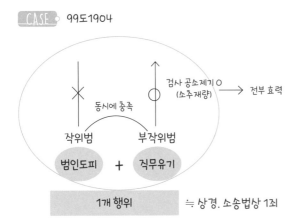

- 친고죄 일부(비친고죄)에 대한 공소제기: X

CASE • 2002도51

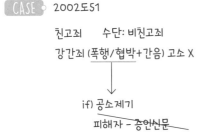

- 포괄일죄 일부기소 후 추가기소
  - 원칙: 공소기각판결(§327 3호) ＊ 동일법원 이중기소 시 /

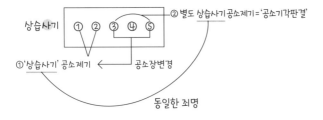

cf)

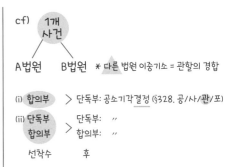

- 예외 (선·후 공소제기 죄명 다름)

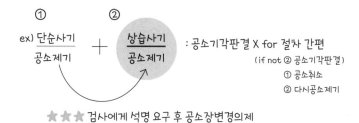

① ex) 단순사기 공소제기 ＋ ② 상습사기 공소제기 : 공소기각판결 X for 절차 간편
(if not ② 공소기각판결)
① 공소취소
② 다시공소제기

★★★ 검사에게 석명 요구 후 공소장변경의제

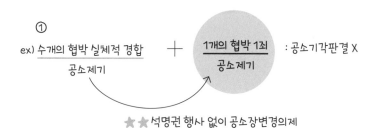

① ex) 수개의 협박 실체적 경합 공소제기 ＋ 1개의 협박 1죄 공소제기 : 공소기각판결 X

★★ 석명권 행사 없이 공소장변경의제

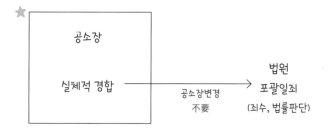

★

| 공소장 | | 법원 |
| 실체적 경합 ──── 공소장변경 不要 ──→ | | 포괄일죄 (죄수, 법률판단) |

1 의의와 본질

- 공소시효 의의: '검사'의 공소제기 기능기간   cf) 형의 시효

- 공소시효: 재판절차 전제 ——→ 절차법설
  국가형법권 ——→ 실체법설 (判)

  (본질 / 공소시효 성격)

2 공소시효의 기간

① 시효기간

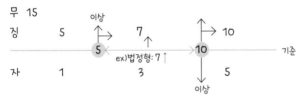

사 25 (살인(방조 X) 사형 제외)
무 15
징   5
자   1

(5) ex)법정형: 7 ↑   (10) 기준

벌금 5
구류·과료·몰수 1

② 공소시효기간 기준: 법정형
'형법' 법정형 ex)상해 방조
    (~~처단형~~) 법정형 7년 ↓ / 필요적 감경 (~~처단형~~)
            ∴ 공소시효 7년
- 2개 이상의 형: 무거운 형
- 교사·방조범: 정범
- 법정형 변경: 형법 §1 ② → 신법
- 상상적 경합: 개별

'특별법': 법정형

- 공소장변경 시 공소시효

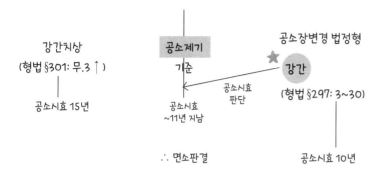

② 공소시효 기산점: 범죄행위 종료 시

CASE ○ 2010도11394

A회사

대표甲: 계약체결 　무효 ──→ 회사 손해 발생 위험 X　∴ 배임죄 X　──────→ 이행 등 더 나가야

　　　→ 범행종료 X　　　　　　　　　　　　　　　　　　　　　　　　　　공소시효진행 O

　　　→ 공소시효진행 X

CASE ○ 2011도7282

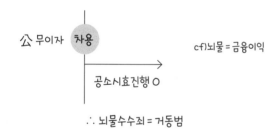

④ 계속범

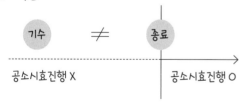

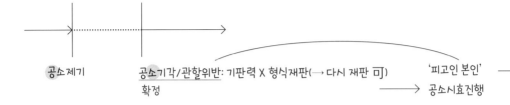

$\boxed{3}$ 공소시효의 정지(중단 X)

공소제기   공소기각/관할위반: 기판력 X 형식재판(→ 다시 재판 可)   '피고인 본인'
                확정   공소시효진행

국외도피 + 형사처분 면할 목적

재정신청 ············ 재정결정 확정
                        ~~종료~~

cf) 검찰항고   공소시효정지 X
     헌법소원

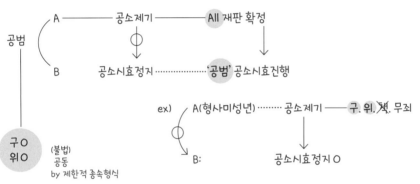

          A ──── 공소제기 ──── All 재판 확정
공범   ∮
          B ──── 공소시효정지 ················· '공범' 공소시효진행

                    ex) A(형사미성년) ········ 공소제기 ──── 구. 위. ~~책~~. 무죄
                         ∮
                         B: 공소시효정지 O

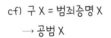
구 O
위 O   (불법)
          공동
          by 제한적 종속형식
책 X
→ 공범성립 O
→ 공소제기가 공범의 공소시효도 중단 O

cf) 구 X = 범죄증명 X
     → 공범 X

                    A ──── 공소제기 ──── ~~✕~~. 무죄
                  ✕   ✕
                    B: 공소시효정지 X

                공범
              ∮   ✕
          공동정범   대향범
          교사범
          방조범

                         공무원   뇌물수수죄, 공소시효정지 X
                          ↑ 뇌물   ✕
                         업자   뇌물공여죄, 공소제기

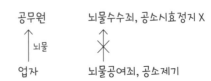

MEMO

형사소송법

PART

04

공판

제 1 절 공판절차의 기본원칙

⭐ ① 공개주의

수사 ——————— 공소제기 ——————— 공판
비공개   공개

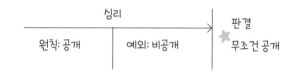

심리

원칙: 공개 | 예외: 비공개 → 판결
⭐ 무조건 공개

② 구두변론주의

판결	결정
필요적 변론	임의적 변론

③ 직접심리주의

형식적 직접주의	실질적 직접주의
수소법원 직접	원본증거 ○ 원칙) 전문증거 X

④ 집중심리주의 (명문규정 O)

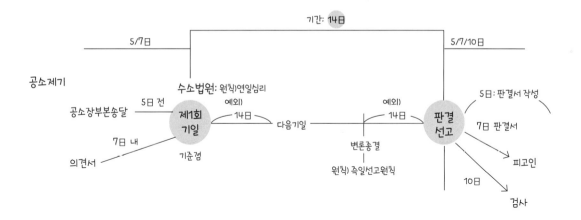

	항소이유
★ 절대적	공개주의 위반
	판사
	이유불비
	관할위반
	폐지
	양형부당
	재심청구사유
상대적	법령 위반
	사실오인

※ 항소이유 외 직권 심판: 법령 위반, 양형부당, 사실오인

1 공소장변경

＊ 공소사실의 동일성 内

cf)

공소사실 추가 ≠ 추가기소 (A ≠ B)

공소사실 철회 ≠ 공소취소 (A ≠ B)

공소사실 변경 ≠ 공소장 정정·보정
검사 착오
(심판대상 동일·변함 X)

↓   ↓

법원 허가 要   법원 허가 不要

• 공소장변경의 한계: 공소사실의 동일성

|
판단기준

判: '수정된' 기본적 사실 동일설
(보호법익, 죄질 등 고려)

CASE ● 82도2156

동일 X   동일성
A ≠ B   cf) A ⊖ B ⟶ 공소장변경 O
O   O : 양립 O   O — X   : 택일, 양립불가, 밀접
                             X — O

<장물취득 VS 강도상해>

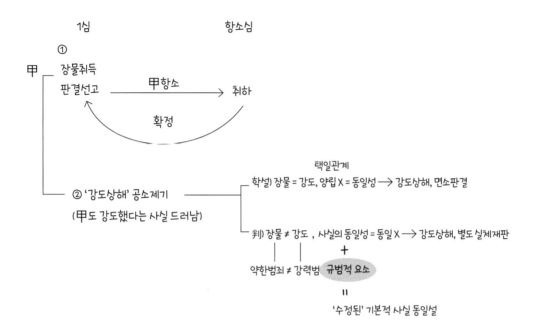

1심   항소심

①
甲   장물취득
      판결선고   ——— 甲항소 ———→   취하
                        확정

                                        택일관계
      ②'강도상해' 공소제기 ——┬── 학설) 장물 = 강도, 양립 X = 동일성 ——→ 강도상해, 면소판결
      (甲도 강도했다는 사실 드러남)   │
                            └── 判) 장물 ≠ 강도 , 사실의 동일성 = 동일 X ——→ 강도상해, 별도 실체재판
                                      │   │   +
                                약한범죄 ≠ 강력범 규범적 요소
                                            ‖
                                '수정된' 기본적 사실 동일설

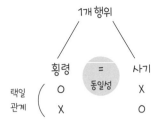

CASE · 98도1226

1개 행위

횡령   =   사기
            동일성
택일   O   X
관계   X   O

CASE · 83도3074

<제약회사 직원 의약품대금 약국 수금 사건>

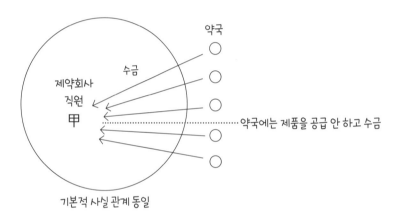

약국

수금

제약회사
직원
甲

·········· 약국에는 제품을 공급 안 하고 수금

기본적 사실 관계 동일

횡령   ──공소장─→ 사기
        변경
         O

＊ 기판력 O: 유죄·무죄·면소

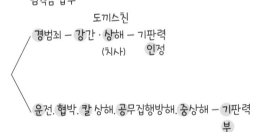

범칙금 납부

도끼스친

경범죄 ─ 강간 · 상해 ─ 기판력
        (치사)   인정

운전. 협박. 칼 상해. 공무집행방해. 중상해 ─ 기판력
                                    부

(i) 공소장변경: '공소사실'의 동일성 / 불변금 고려 X

약식) 사문서위조 동행사 ──○─→ 정식재판) 사서명 위조. 동행사

乙

甲

(ii) (§239 ①② 징역형만 있음)

　　　　──→ 불이익변경금지원칙 적용

∴ (i) ──→ (공소장은 변경 O)

∴ (ii) ──→ 기존의 벌금형은 유지 O

부 정수표 + 배임 = 상 · 경
　실대출

부 정수표 + 사기 = 실 · 경
　정의약품제조

공천 + 사기 = 상 · 경

유사수신 + 사기 = 실 · 경

알선수재 + 사기 = 상 · 경

배임 + 사기 ┌─ 상 · 경 (사기 피해자: 본인)
　　　　　 └─ 실 · 경 (사기 피해자: 제3자)

약사법 위반 ≠ 보건 범죄
　⋮

무면허　　　　영리목적　　　(죄질 너무 다름)
　　　　　　　아주 중한 법

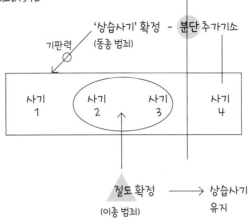

'상습사기' 확정 - **분단** 추가기소
(동종 범죄)

기판력

| 사기 1 | 사기 2 | 사기 3 | 사기 4 |

절도 확정 ⟶ 상습사기 유지
(이종 범죄)

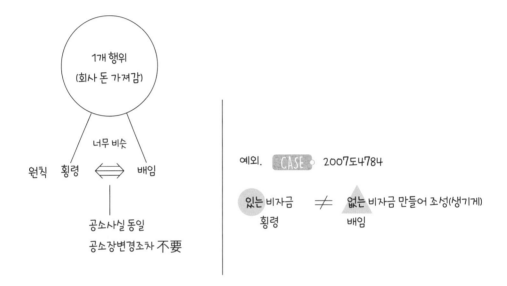

1개 행위
(회사 돈 가져감)

너무 비슷

원칙 횡령 ⟺ 배임

공소사실 동일
공소장변경조차 不要

예외. CASE · 2007도4784

있는 비자금 ≠ 없는 비자금 만들어 조성(생기게)
횡령   배임

- 공소장변경
  - 한계: 공소사실의 동일성

    by '수정된' 기본적 사실 동일설
    (Since 1994)

⭐ 전제: 공소장변경 허용 ○ (기본적 사실 동일성 ○)

- 공소장변경의 필요성

  + 사실기재, 피고인 방어권 실질적 불이익 (사실기재설)

○	X
필요	불요

┌ ① 구성요건 같음
│   - 방법, 일시, 장소, 방법, 객체 다름: 원칙 – 불요
│   예외 – 필요
│
│
│
└ ⭐② 구성요건 다름: 원칙 – 필요
         예외 – 불요   공소제기   법원 인정
      ⭐(i) 축소사실 인정(ex: 강간치상 ⟶ 강간)
                              大   小
                                          │
                         법원의 축소사실 인정여부 ┌ 원칙 X
                                          └ 예외 ○ (중대범죄)

                                          ex) 살인 → 폭행 · 상해 · 감금…
                                              마약
                                              장물범
                                              사기 피해자 다름
                                              (인정해줘야, 민사상 불법행위
                                              손배청구 可)

         (ii) 법률 평가만 다름

              ㄱ. 법률적 평가만 변경 ex) 횡령 = 배임
              ㄴ. 범죄참가 형태만 변경 ex) 정범 = 공범
              ㄷ. 죄수 평가만 변경 ex) 포괄일죄 = 실 · 경

• 절차

I.

① 검사의 신청 —————— ② 법원의 허가 ——————→ ③ 공소장변경

  - 원칙: 서면   • 부본송달 - 피고인 or 변호인   - 공판절차의 정지

    예외: 피고인 재정   • 공소사실의 동일성 O, 허가의무   (심/헌/기/공/관/재)

               피고인 이익/동의   • 불복 X(§403 ①) |

  - 변론종결 전   • 취소 可   유일 임의적 정지

    (항소심 변론종결 전)

  - 정보저장매체 X

II.

① 법원의 요구 —————— ② 검사에 대한 효력

  (조문: ~하여야 한다.   ★ • 형성효 X

  (判: 재량   • 명령효 〉 학설대립
                               • 권고효

  * 절차별 공소장변경 가능여부 검토   확정

         1심   2심   3심

  ① 모두절차 ② 사실심리~   판결선고   법률심   재심청구

                                                                      재심심판

————————————————→ 사실심   ✕   ◯

      공소장변경 O   변론종결 전

    약식절차(서면심리): X   예외, 변론재개 시(재량)

                                    공소장변경 O

공소장변경 불요	공소장변경 필요

공소장변경 불요 (왼쪽)

- 재산죄 (원칙)
  - 객체: 금품 ⟶ 이익
  - 피해자: A ⟶ B

大 ⊃ 小

- 강간치상 ⟶ 준강제추행: 불요　강·준·불
  (강 ⟶ 준: 불)

- 강간·강제추행 ⟶ 위력 간음·강제추행: 불요　강·위·불
  (폭행·협박) ⟶ 위력
  　정도↑　　정도↓

　①　　②　　　　③　　　①　③
- 절도 + 체포면탈 목적 폭행 + 상해 ─②→ 절도 + 상해
  　　죄적 은멸
  (⟶ 준강도 + 상해: 강도상해)

　①　　②　　　　③
- 절도 + 체포면탈 목적 폭행 + 치상 ─②→ 절도
  　　죄적 은멸　　　　-②
  　　　　　　　　　　-③

공소장변경 필요 (오른쪽)

강간 ⟶ 강제추행　강·추·필
(강 ⟶ 추·필)

VS

배임죄, 상속인들

폭처법상 상습공갈 ⟶ 형법상 상습공갈
(폭상 ⟶ 형상 필요)

준강간 ⟶ 위력간음: 필요　　　준·위·필
(위력 無)

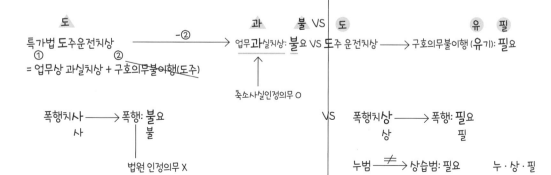

　　　　　過　　불 VS　도　　　　　　　　유　필
특가법 도주운전치상 ────── -② ──→ 업무과실치상: 불요 VS 도주 운전치상 ⟶ 구호의무불이행 (유기): 필요
　①　　　　　　②
= 업무상 과실치상 + 구호의무불이행(도주)
　　　　　　　　　　　　　　　　↑
　　　　　　　　　　　축소사실인정의무 O

폭행치사 ⟶ 폭행: 불요　　　VS　　폭행치상 ⟶ 폭행: 필요
　사　　　　불　　　　　　　　　　상　　　　　필
　　　　　　│
　　　법원 인정의무 X

누범 ─≠→ 상습범: 필요　　누·상·필

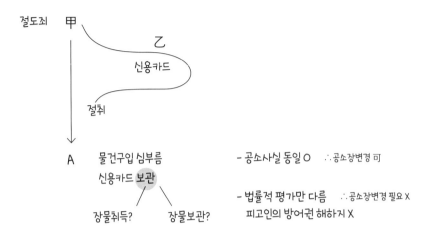

CASE 2003도1366

절도죄 甲

乙
신용카드
절취

A 물건구입 심부름
신용카드 보관

장물취득? 장물보관?

- 공소사실 동일 O ∴공소장변경 可

- 법률적 평가만 다름 ∴공소장변경 필요 X
  피고인의 방어권 해하지 X

- 장물법은 재산죄 온상! ∴축소사실 인정의무 O
  (반드시 처벌해야!)

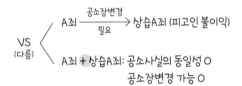

VS
(다름)

A죄 ──공소장변경 필요──→ 상습A죄 (피고인 불이익)

A죄 + 상습A죄: 공소사실의 동일성 O
공소장변경 가능 O

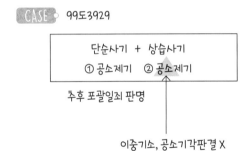

CASE 99도3929

단순사기 + 상습사기
① 공소제기 ② 공소제기

추후 포괄일죄 판명

이중기소, 공소기각판결 X
(석명 후) 공소장변경의제

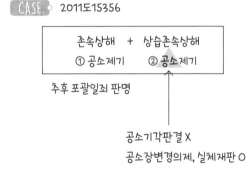

CASE 2011도15356

존속상해 + 상습존속상해
① 공소제기 ② 공소제기

추후 포괄일죄 판명

공소기각판결 X
공소장변경의제, 실체재판 O

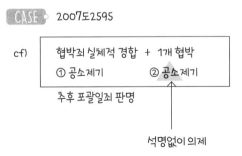

CASE 2007도2595

cf)
협박죄 실체적 경합 + 1개 협박
① 공소제기   ② 공소제기

추후 포괄일죄 판명

석명없이 의제

공소장 필요	★★★ 축소사실처럼 보이나	
	공소장변경 필요	

명예훼손 ⟶ 모욕죄   명 · 모 · 필
(by 구체적 사실적시)   (by 추상적 모욕)

강도 ⟶ 공갈   강 · 공 · 필
(by 탈취)   (by 편취)

공무집행방해 ≠⟶ 폭행 · 협박   공 · 폭 · 필

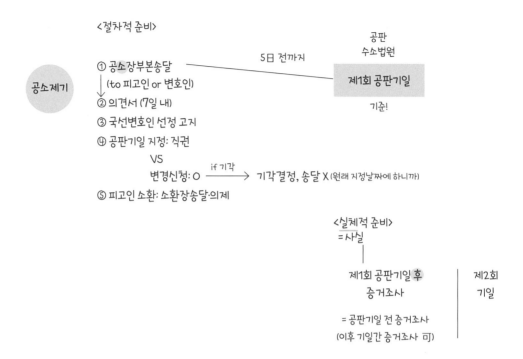

＜절차적 준비＞

공소제기

① 공소장부본송달 ─────── 5日 전까지 ─────── 공판 수소법원
　(to 피고인 or 변호인)
② 의견서 (7일 내)　　　　　　　　　　　　　　　제1회 공판기일
③ 국선변호인 선정 고지　　　　　　　　　　　　　기준!
④ 공판기일 지정: 직권
　　　　　　VS
　　변경신청: ○ ── if 기각 ──> 기각결정, 송달 X (원래 지정날짜에 하니까)
⑤ 피고인 소환: 소환장송달·의제

＜실체적 준비＞
 =사실

제1회 공판기일 후　　　│　제2회
　증거조사　　　　　　　│　기일

= 공판기일 전 증거조사
(이후 기일간 증거조사 可)

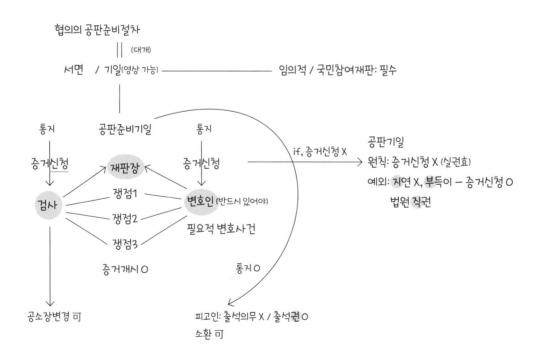

협의의 공판준비절차
　　　‖ (대개)
서면　/　기일(영상 가능) ─────────── 임의적 / 국민참여재판: 필수

통지　　　공판준비기일　　통지　　　　　　if, 증거신청 X　공판기일
증거신청　　　　　　　증거신청　　　　　　　　　　　　　원칙: 증거신청 X (실권효)
　　　　　재판장　　　　　　　　　　　　　　　　　　　예외: 지연 X, 부득이 ─ 증거신청 ○
검사 ─── 쟁점1 ─── 변호인 (반드시 있어야)　　　　　　　법원 직권
　　　── 쟁점2 ───
　　　── 쟁점3 ─── 필요적 변호사건
증거개시 ○　　　　　　　통지 ○

공소장변경 可　　　　피고인: 출석의무 X / 출석권 ○
　　　　　　　　　　소환 可

1심	2심(항소심)
송달위법	새로이 송달
유죄판결	새롭게 절차 진행 (∴ 2심도 사실심이므로)
	~~파기환송~~

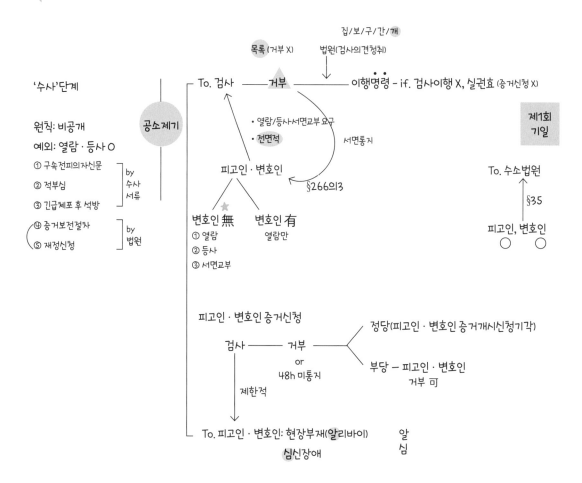

'수사'단계

원칙: 비공개
예외: 열람·등사 O
① 구속전피의자신문 ┐
② 적부심   │ by
③ 긴급체포 후 석방 ┘ 수사서류
④ 증거보전절차 ┐
⑤ 재정신청   ┘ by 법원

공소제기

목록 (거부 X)

집/보/구/간/개
법원(검사의견청취)

To. 검사 ── 거부 ───── 이행명령 ‥ – if. 검사이행 X, 실권효 (증거신청 X)

• 열람/등사서면교부 요구
• 전면적

서면통지

피고인·변호인

§266의3

변호인 無 ★
① 열람
② 등사
③ 서면교부

변호인 有
열람만

제1회 기일

To. 수소법원
§35
피고인, 변호인
○   ○

피고인·변호인 증거신청

검사 ───── 거부
         or
         48h 미통지

제한적

To. 피고인·변호인: 현장부재(**알**리바이)
        심신장애

정당(피고인·변호인 증거개시신청기각)

부당 – 피고인·변호인
      거부 可

알
심

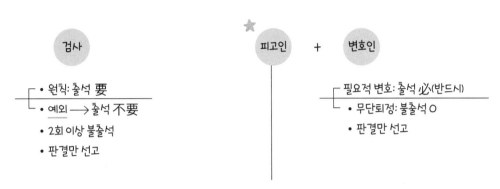

법원

검사   ★ 피고인 ＋ 변호인

- 원칙: 출석 要
- 예외 ⟶ 출석 不要
- 2회 이상 불출석
- 판결만 선고

- 필요적 변호: 출석 必(반드시)
  - 무단퇴정: 불출석 O
  - 판결만 선고

피고인의 **불출석** 재판 (의/법/경/유/퇴/불/약/상)

1) 의사무능력자

(형법 §9~§11 적용 X 경우)

3) 경미사건

① 500만 원 ↓ 벌금 · 과료 (구류 X)
② 불출석 ＋ **허가**
 : 장기3년 ↓, 500만 원 초과 벌금, **구류 O**
cf. 인정신문, 판결선고: 출석 필요
  (start)   (end)
③ 즉결심판

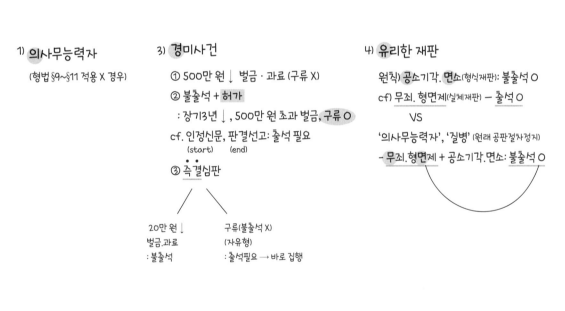

20만 원 ↓   구류(불출석 X)
벌금.과료   (자유형)
: 불출석   : 출석필요 → 바로 집행

4) 유리한 재판

원칙) **공소기각. 면소**(형식재판): 불출석 O
cf) 무죄. 형면제(실체재판) — 출석 O
           VS
'의사무능력자', '질병' (원래 공판절차정지)
 — **무죄.형면제** ＋ 공소기각.면소: 불출석 O

2) 법인

5) 퇴

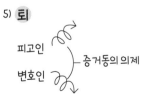

피고인
      증거동의 의제
변호인

6) **불출석** (구/소/항/약)

① **구속피고인**: 소환불능 & 인치 현저 곤란
② **소재불명** (소촉법) – 1심

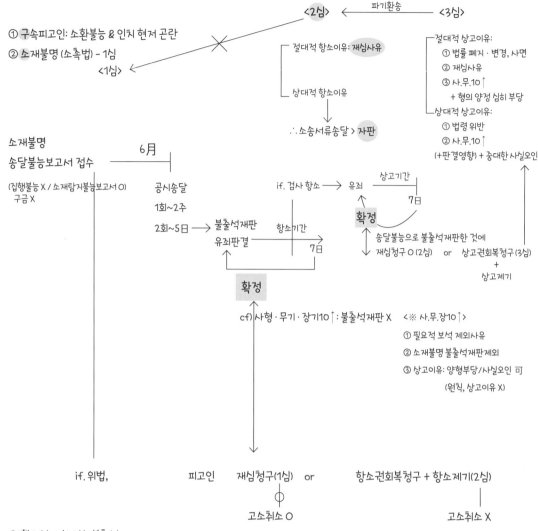

③ **항소심**: 2회 연속 불출석
④ **약식명령** – 정식재판: 2회 연속 불출석

7) **약식**: 피고인만 정식재판청구 시, 판결선고 기일 불출석O
　　　(∴ 구·불변금 → 현, 형종변경금지 때문)
　　　　불리한 판결 X

8) **상고심**

CASE ● 2011도16166

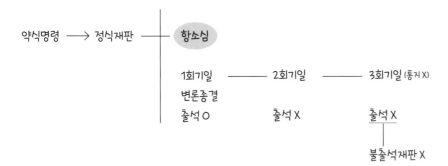

약식명령 ⟶ 정식재판 ── 항소심

1회기일 ──── 2회기일 ──── 3회기일 (통지 X)
변론종결
출석 O   출석 X   출석 X
                             │
                          불출석재판 X

★ 배상명령

- 상해
- 성폭력
- 재산죄

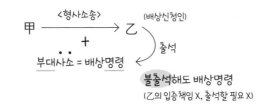

甲 ──⟨형사소송⟩──⟶ 乙 (배상신청인)
        +   ↘ 출석
부대사소 = 배상명령   불출석해도 배상명령
                        (乙의 입증책임 X, 출석할 필요 X)

<필요적 변호사건>

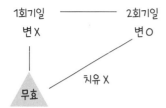

1회기일 ——————— 2회기일
변 X   변 O

치유 X

무효

<전문심리위원>

검사 & (피고인 or 변호인)

양 당사자 합의 ————→ 전문심리의원 취소하여야

① 모두절차

- 진술거부권 고지

- 인정신문

- 검사, 모두진술

★
- 피고인, 모두진술

- 재판장의 쟁점정리
  당사자의 입증계획 진술

② 사실심리절차

★
1) 증거조사

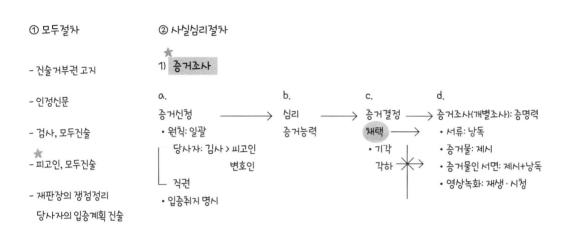

a.
증거신청
• 원칙: 일괄
┌ 당사자: 검사 > 피고인
│   변호인
└ 직권
• 입증취지 명시

b.
심리
증거능력

c.
증거결정
채택 ──→
• 기각
각하 ──✗──→

d.
증거조사(개별조사): 증명력
• 서류: 낭독
• 증거물: 제시
• 증거물인 서면: 제시+낭독
• 영상녹화: 재생 · 시청

cf)   〈공판정〉
※ 탄핵증거 ───────── 진술
(자기모순 진술)
┌ 원칙: 입증취지 명시
└ 예외: 증거조사 as 탄핵증거

2) 피고인신문(임의적)

3) 최종변론(검사, 피고인 · 변호인)

4) 변론종결

③ 판결선고절차

<증거조사>

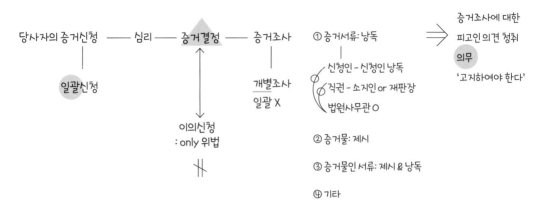

<신뢰관계인 동석>

※ 피의자신문 = 피고인신문: 임의적
   ‖
   피해자 참고조사 = 피해자 증인신문: 필요적 可

<판결선고절차>

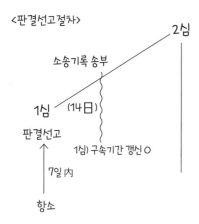

제 7 절 증인신문 · 감정과 검증

<교호신문>

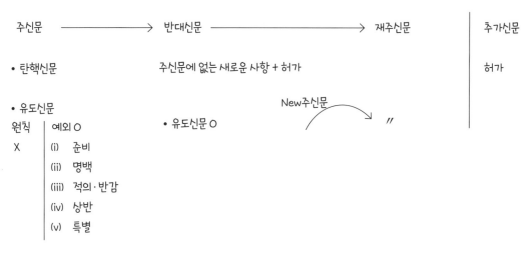

주신문 ⟶ 반대신문 ⟶ 재주신문 ｜ 추가신문

- 탄핵신문

주신문에 없는 새로운 사항 + 허가

허가

- 유도신문

원칙	예외 ○
X	(i) 준비
	(ii) 명백
	(iii) 적의 · 반감
	(iv) 상반
	(v) 특별

- 유도신문 ○

New주신문 ⟶ 〃

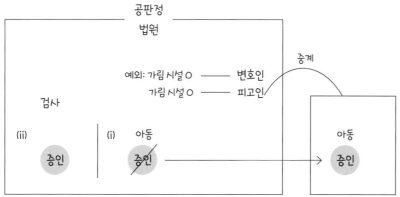

<증거조사>

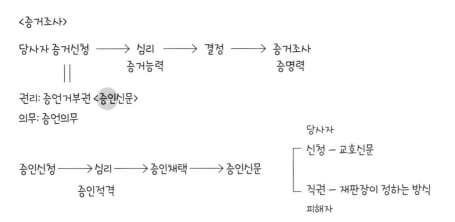

당사자 증거신청 ──────→ 심리 ──────→ 결정 ──────→ 증거조사
              ‖   증거능력   증명력

권리: 증언거부권 <증인신문>
의무: 증언의무

                                                    당사자
증인신청 ─────→ 심리 ─────→ 증인채택 ─────→ 증인신문 ┌─ 신청 – 교호신문
                  증인적격   │
                                                       └─ 직권 – 재판장이 정하는 방식
                                                    피해자

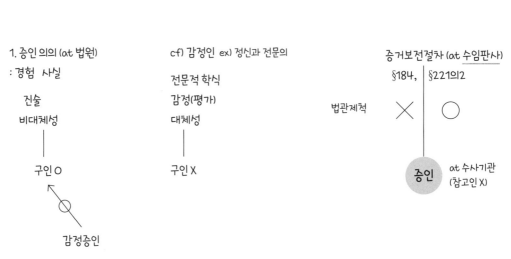

1. 증인 의의 (at 법원)
: 경험 사실

    진술
    비대체성

       구인 O
         ↑
         ⊘
         │
      감정증인

cf) 감정인 ex) 정신과 전문의

전문적 학식
감정(평가)
대체성

구인 X

증거보전절차 (at 수임판사)
  §184, §221의2

법관제척   ✕   ○

         증인   at 수사기관
               (참고인 X)

2. 증인적격

(1) 피고인

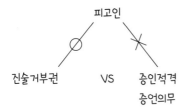

(2) 공동피고인

① 공범자인 공동피고인:

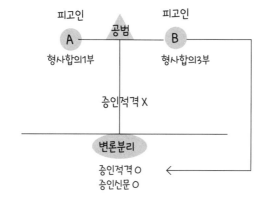

② 공범자 아닌 공동피고인:

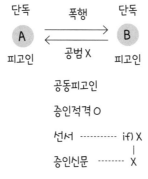

3. 증인의 의무

(1) 출석의무

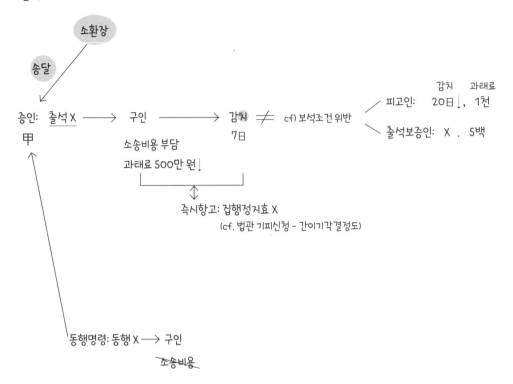

(2) 선서의무: 과태료 50만 원↓ ⟵ 즉시항고

(3) 증언의무: 과태료 50만 원↓ ⟵ 즉시항고

4. 증인의 권리

CASE 2011도11994

이미 A죄 유죄판결 확정: ┌ 기판력 O ─────── 재심청구
                                      └ 일사부재리   (이익재심)

   甲   불이익변경금지
                                                  │
증인 :   증언거부권 X   증언거부권 X

CASE 2010도10028

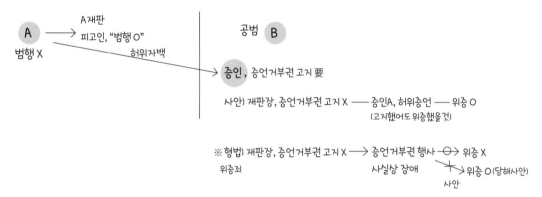

형법§317. 업무상비밀누설죄 ≠ 형소법, 증언거부권

의/한/치/약

약/조/변/변   ＋ 세무사

공/공/대/보 ─────────→ 간호사 별도

차/종/종

5. 증인신문의 방법

CASE ∘ 73도2967

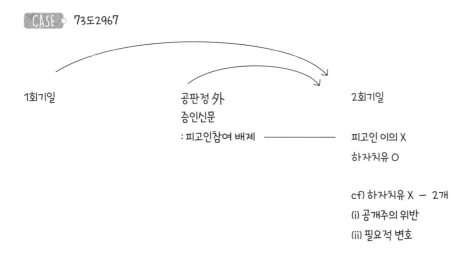

1회기일   공판정 外   2회기일
                          증인신문
                          : 피고인참여 배제 ———————— 피고인 이의 X
                                                    하자치유 O

                                                    cf) 하자치유 X — 2개
                                                    (i) 공개주의 위반
                                                    (ii) 필요적 변호

CASE ∘ 2005도15608

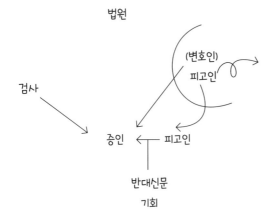

법원

(변호인)
피고인

검사

증인 ← 피고인

반대신문
기회

업무상 과실치사 ─────→ 공소권 ○ ─────→ 재판: 피해자 부모 ─────→ 증인 ─────→ 진술권 ○

업무상 과실치상 ─────→ 공소권 X ───── 재판, 피해자 진술권 X
　　＋　　　　　　　　　　　│
　　중상해 ───── 위헌

<피해자>

증인신문	소송기록 열람 · 등사
원칙: 의무	임의적 허가
영상 가능	

<엄격한 증명> ─────→ 범죄사실의 인정
　　　　　　　　　　　→ 형벌권 발생

증거능력 ○ ＋ 적법한
　　증거　　　　증거조사

<자유로운 증명>: 정상관계 사실

피해자 의견진술 ────X────→ 범죄사실 인정
증인신문 방식 X
(증거조사 X)

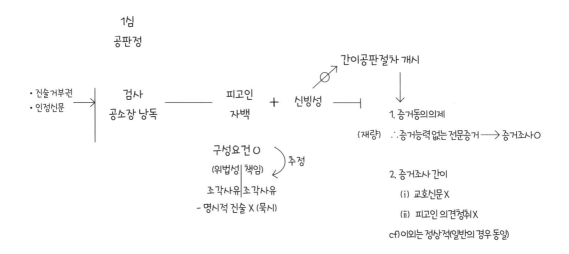

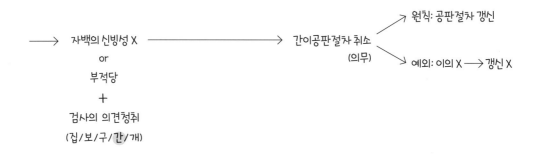

국민참여재판: 간이공판 X

사무 9명
일반 7명
피고인 공소사실 인정 5명

§312 ③ 사경작성 피신조서 – 적

내용인정

피고인 or 변호인

VS

간이공판: 자백: 피 O

변 X

< 간이공판절차 >

① 개시
　－ 자백: 명시 **不要**. 묵시 O
　　　(일반적)
　　　(간이공판절차
　　　증거동의)

cf) 명시적 **要**: 실질적 진정성립
　　상소취하 – 피고인동의

② 개시결정
　★증거동의 의제 ──── 예외
　－ 간이공판 ──────── 예외: 이의
　－ 불출석 ──────── 예외: 대리인 · 변호인 출석

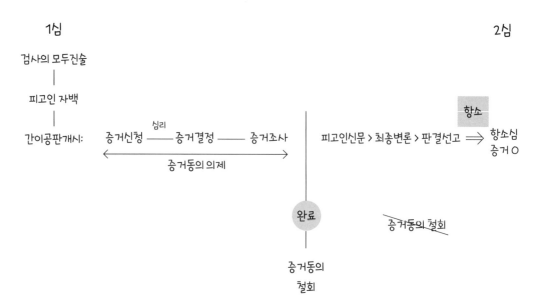

1심

검사의 모두진술
|
피고인 자백
|
간이공판개시:　증거신청 —— 증거결정 —— 증거조사
　　　　　　　　　심리
　　　　　　　　　←————————————————→
　　　　　　　　　　　증거동의 의제

완료
|
증거동의
철회
가능시점

2심

피고인신문 > 최종변론 > 판결선고 ⟹ 항소심
증거 ○

항소

~~증거동의 철회~~

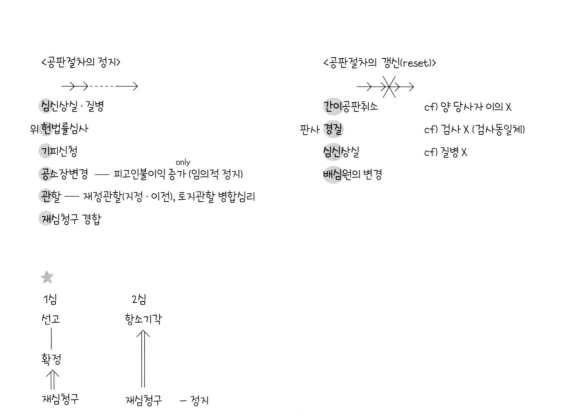

<공판절차의 정지>

———→ ----→

심신상실 · 질병

위 **헌**법률심사

기피신청

공소장변경 —— 피고인불이익 증가 (임의적 정지)　only

관할 —— 재정관할(지정 · 이전), 토지관할 병합심리

재심청구 경합

<공판절차의 갱신(reset)>

———→ ╳ ——→

간이공판취소　　　cf) 양 당사자 이의 X

판사 **경**질　　　　cf) 검사 X (검사동일체)

심신상실　　　　cf) 질병 X

배심원의 변경

★

1심　　　**2심**
선고　　　항소기각
|　　　　↑
확정　　　‖
↑　　　　‖
재심청구　재심청구　— 정지

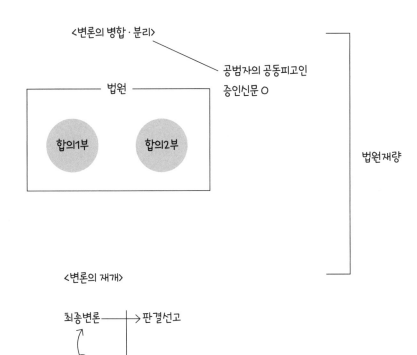

<변론의 병합 · 분리>

공범자의 공동피고인
증인신문 O

법원재량

<변론의 재개>

최종변론 ──────→ 판결선고

재개

<국민참여재판>

- 대상: 합의부 관할사건
  단독판사 관할사건 + 의사 확인 可
  ↓
  if) 피고인 희망 O
  재정합의결정 시,

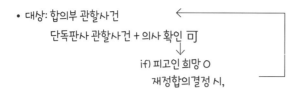

- 피고인

검사 공소제기 – 공소장부본 + 참여재판 안내서면

(1회공판기일) 5日
↓

의견서 제출 + 희망서면 제출
(송달받은날) 7日   (재소자특칙)

재 약 참.상소 제기
심 식   포기·취하
(재정) 정
신청 식   회복
                이유서

배제결정
↕
즉시항고
참여재판 O: 공판준비절차(필수) — 종결 — 다음날
× → 참여재판 절대 不可

(피고인 번복 가능)
시점

1회
기일

(可) 배심원 선정
↓
통상절차
회부결정
↕
즉시항고

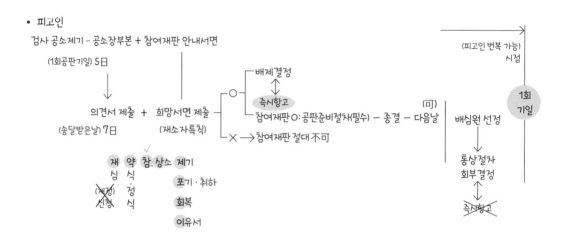

결격사유 (배심원 不可)   면제사유 (배심원 可)

한   70 ↑

복   5년 ↓

실―5   체포 · 구금

유―2   금고 이상 재판 중

선유   해

자정   중병

기피신청

이유 O		이유 X
불선정	기각	불선정 - 횟수제한

cf. ~~기각~~

배심원

5 9 5

4 7 4

3 5 3

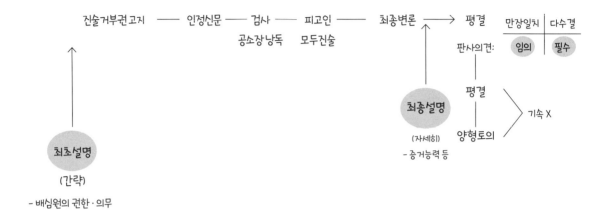

제 1 절 ~ 제 2 절 증거법 일반, 증명의 기본원칙

1 증거재판주의

증거신청 ——— 심리 ———————————————————— 증거결정 ————— 증거조사

증거재판주의(§307 ①)   자유심증주의

: 사실인정 ←——— 증거   증명력

증거능력 O |

- 임의성 O §317, §309 (자백배제법칙)   탄핵증거:
- 적법성(§308의2): 위수증배제법칙   자백보강법칙
- 전문증거 X(§310의2) — 예외, 증거능력 O   공판조서 배타적 증명력
                (i) 증거동의(§318 ①)
                (ii) 전문법칙 예외(§311~§316)

<엄격한 증명>: 증거능력 O 증거 + 적법한 증거조사 = 증명   cf)자유로운 증명

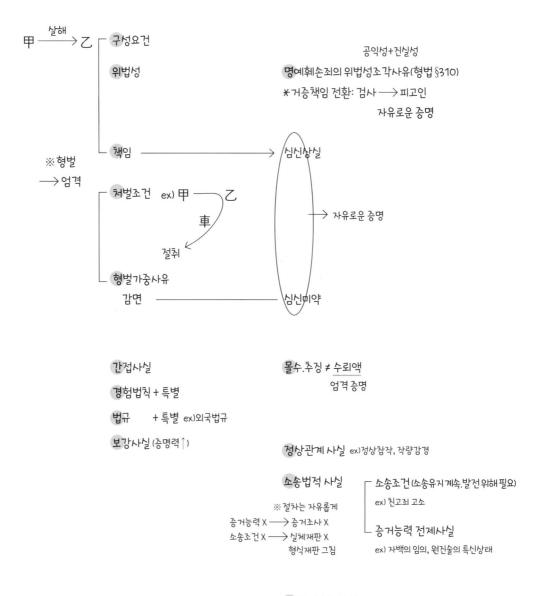

甲 ──살해──→ 乙 ┬ 구성요건

위법성   공익성+진실성
                          명예훼손죄의 위법성조각사유(형법 §310)
                          *거증책임 전환: 검사 ──→ 피고인
                                              자유로운 증명

├ 책임 ─────────────────→ 심신상실

※형벌
→ 엄격

┌ 처벌조건   ex) 甲 ─── 乙
│   車   ──→ 자유로운 증명
│   절취
│
└ 형벌가중사유
  감면 ─────────────── 심신미약

간접사실   몰수.추징 ≠ 수뢰액
경험법칙 + 특별   엄격 증명
법규   + 특별 ex)외국법규
보강사실 (증명력↑)

                                 정상관계 사실 ex)정상참작, 작량감경

                                 소송법적 사실 ┬ 소송조건 (소송유지 계속.발전 위해 필요)
                                              │   ex) 친고죄 고소
                                 ※절차는 자유롭게
                                 증거능력 X ──→ 증거조사 X   └ 증거능력 전제사실
                                 소송조건 X ──→ 실체재판 X   ex) 자백의 임의, 원진술의 특신상태
                                            형식재판 그침

                                 탄핵사실(증명력↓)

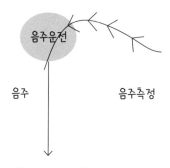

음주   음주측정

혈중알코올 농도 추정

• 위드마크공식, 전제: 엄격한 증명
　(ex: 체중, 음주량 ..)

2 거증책임

소송종결
증명불능,
불이익 ⟶ 원칙: 검사
　　　　　※ 예외. 전환
　　　　　　　형법 §263, §310

3 자유심증주의

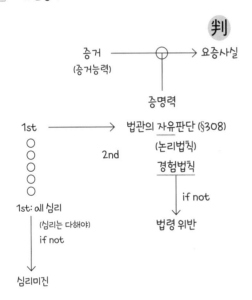

判

증거 ⟶ ◯ ⟶ 요증사실
(증거능력)
　　　　증명력

1st ⟶ 법관의 자유판단 (§308)
◯　　　　　(논리법칙)
◯　　2nd　경험법칙
◯
◯　　　　　│ if not
◯　　　　　↓
1st: all 심리　법령 위반
　(심리는 다해야)
　if not
　↓
심리미진

CASE • 2013도11650

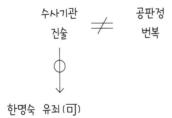

수사기관 ≠ 공판정
진술　　　번복
│
◯
↓
한명숙 유죄 (可)

공판조서

증거능력 O (§311)

'소송절차'	증명력 O (반증 X. §56)
실체	X (자유심증주의. §308)

CASE 2010도12728

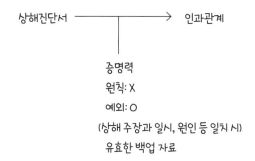

상해진단서 ──────→ 인과관계

증명력
원칙: X
예외: O
(상해 주장과 일시, 원인 등 일치 시)
유효한 백업 자료

CASE 2016도2889

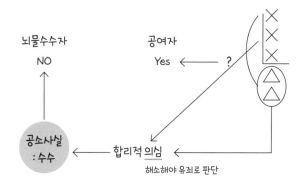

뇌물수수자   공여자
NO   Yes ←── ? ──
                 △△

공소사실   합리적 의심 ←──
: 수수   해소해야 유죄로 판단

1심   2심   3심
무죄 ←── 의문, 유죄의 개연성만으로   ∴ 유죄 ←── 원심파기. 무죄
        (의심해소 X)

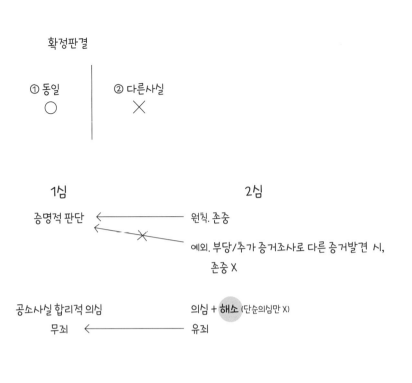

확정판결

① 동일　　　② 다른사실
　〇　　　　　　✕

1심　　　　　　　　　　　　2심

증명적 판단　　←————　원칙. 존중

　　　　　　　←——✕——　예외. 부당/추가 증거조사로 다른 증거발견 시,
　　　　　　　　　　　　　　존중 X

공소사실 합리적 의심　　의심 + **해소** (단순의심만 X)
　　무죄　　　←————　유죄

cf) 양형판단 (고유재량)　　　양형판단 (1심 양형판단 잘못 이유 적시 不要)
　　ex) 10년　　　　　　　　ex) 5년

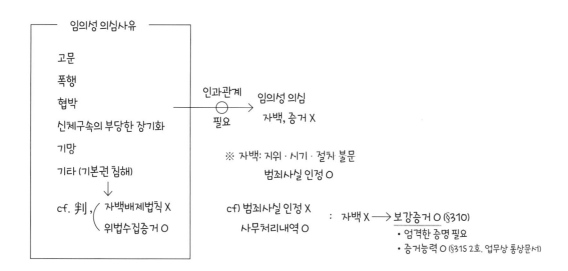

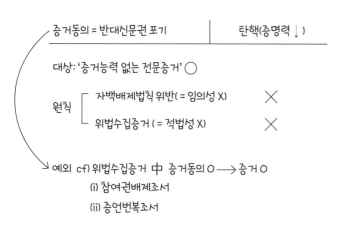

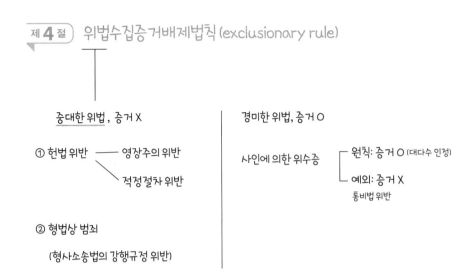

중대한 위법, 증거 X

① 헌법 위반 ──── 영장주의 위반

 ╲ 적정절차 위반

② 형법상 범죄

 (형사소송법의 강행규정 위반)

경미한 위법, 증거 O

사인에 의한 위수증 ┌ 원칙: 증거 O (대다수 인정)

 └ 예외: 증거 X

 통비법 위반

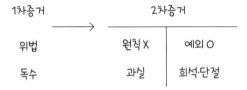

1차증거	2차증거	
	원칙 X	예외 O
위법		
독수	과실	희석·단절

과테말라 외국호텔, 참고인진술조서

위수증 X   §312 ④. 전문증거 ─┬─ 적
                                ├─ 실
                                ├─ 특 X
                                └─ 반

증거능력 O   증거능력 X

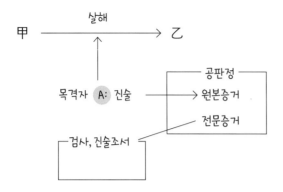

전문법칙: 반대신문권 결여 + 신용성 결여 (+ 직접주의 위반)　　　=　　전문증거 X

　　　　　　　　　　　　　↓

┌─ 증거동의 = 반대신문권 포기 + 법원의 진정성 인정　　　　　=　　전문증거 O
│　　　　　　　　　　　　　　(신용성 의심 유형적 정황 X)
│
│
│
└─ 전문법칙의 예외 = 반대신문권 포기 + 신용성의 정황적 보장 or 필요성 = 전문증거 O
　　　　　　　　　　　　　　　　　　　　　○　　　　　○

<전문법칙 예외>

1. §311　　　'법원 · 법관' 면전조서 ──→ 절대적 증거능력 O

　　　　　　　① 공판준비 기일조서
　　　　　　　② 공판조서
　　　　　　　③ 법원 · 법관 검증조서
　　　　　　　④ §184 증거보전청구
　　　　　　　⑤ §221의2 증인신문청구

2. §312 <'수사기관'의 조서>

§312 ① 검사작성, 피의자신문조서	§312 ③ 사경작성, 피의자신문조서	§312 ④ 진술조서
a. 적법한 절차·방식 b. 내용의 인정	a. 적법한 절차·방식 b. 내용의 인정(조서: 진실)	a. 적법한 절차방식 b. 실질적 진정성립 by 진술 or 객관적 방법 c. 반대신문 기회보장 d. 특신상태

'수사과정' §312 ⑤ 진술서 ⟶ §312 ①~④	'수사기관' §312 ⑥ 검증조서	

ex) 사경 수사과정 중
   피의자(피고인) 진술서
∴ §312 ③
	a. 적
	b. 성립의 진정
		cf. 피의자 진술내용이 들어가면,
		   검증조서 X ⟶ 피신조서

※ 성립의 진정

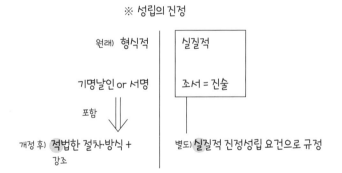

원래) 형식적

기명날인 or 서명

포함

개정 후) 적법한 절차·방식 +
강조

실질적

조서 = 진술

별도) 실질적 진정성립 요건으로 규정

수사과정 外
진술서

§313 ② 감정서

§313

진술서

진술 기재 서류 (녹음 테이프)

	피고인	피고인 아닌 자	피고인	피고인 아닌 자
자필/서명/날인		자	자	자
성립의 진정		성	성	성
		반	특	

(§312 ④ 적용 X)

§314 반대신문 결여, 필요성의 예외

사   질   외   소   그   + 필요성 + 특신상태
망   병   국   재   밖
　　　　　거   불   에
　　　　　주   명   는

§315 당연히 증거능력 O 서류

⌠ 1호. 공권력 증명문서
⎮ 2호. 업무상 통상문서
⌡ 3호. 기타 특신문서

§316 전문진술

※ ⌠ 재전문 서류: O
　　⌡ 재전문 진술: X

① 원진술: 특
　　"피고인"

② 원진술: 필 + 특
　　"피고인 外"

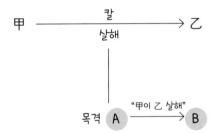

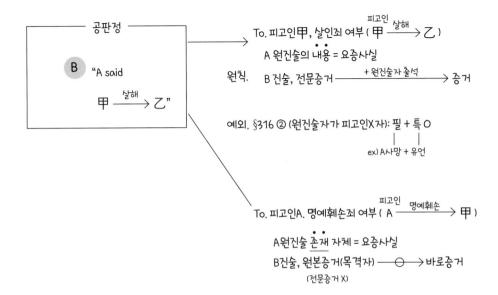

언어적 행동: 내용 중요 X. 전문증거 X

= 행동설명적 언어

언어적 정황: 내용 중요 X. 전문증거 X

= 정황설명적 언어

CASE 92도682

B 공범 ——— A

대화中 A의 혐의부분 – 피의자신문. 진술거부권 고지 要

검사

<검사작성 피신조서>

§312 ①

① 적

② 내용의 인정(2022.1.1. 시행)

법원

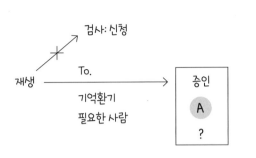

검사: 신청

To.
기억환기
필요한 사람 ──────→ 증인 A ?

재생

변호인 피고인 ╳

<사경작성 피신조서>

  §312 ③

① 적

② 내용의 인정

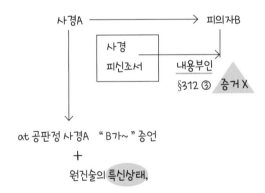

사경A ──────────→ 피의자B

사경
피신조서   내용부인
        §312 ③ 증거 X

at 공판정 사경A "B가~" 증언
        +
    원진술의 특신상태,

조사자증언 전문진술, §316 ①, 증거 O

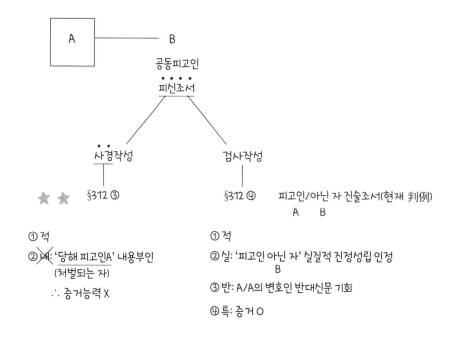

A ──── B

공동피고인
• • • •
피신조서

사경작성

★ ★ §312 ③

① 적
② 내: '당해 피고인A' 내용부인
    (처벌되는 자)
    ∴ 증거능력 X

검사작성

§312 ④   피고인/아닌 자 진술조서(현재 判例)
              A   B

① 적
② 실: '피고인 아닌 자' 실질적 진정성립 인정
              B
③ 반: A/A의 변호인 반대신문 기회
④ 특: 증거 O

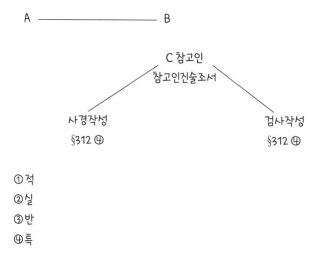

A ──────── B

C 참고인
참고인진술조서

사경작성   검사작성
§312 ④   §312 ④

① 적
② 실
③ 반
④ 특

〈진술조서〉

피고인 아닌 자

공동피고인 – 검사작성

　§312 ㉴

① 적

② 실 〈 진술

　　　 대체증명

③ 반대신문의 기회보장

㉴ 특신상태

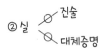 2005도9730

〈엉성한 진술조서 사건〉

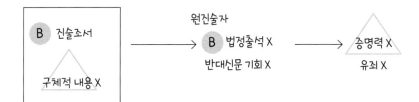

피고인 (A) 증거동의 O (§318 ①)

　　 ⟶ 증거능력 O

if. 증거동의 X

　　 +

§314 ① 사.질.외.소.그

　　 ② 특

　　 ⟶ 증거능력 O

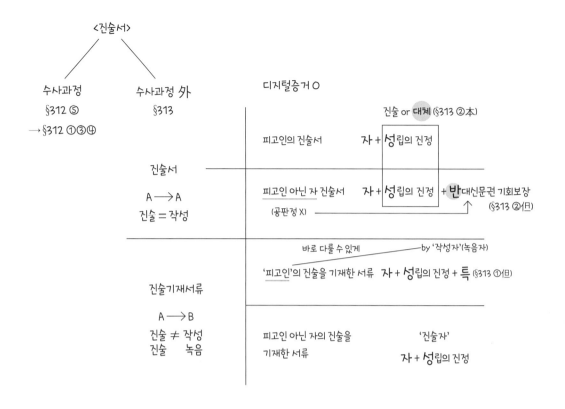

<진술서>

수사과정   수사과정 外   디지털증거 O
§312 ⑤   §313
→ §312 ①③④

진술 or 대체 (§313 ②本)

진술서   피고인의 진술서   자 + 성립의 진정

A —→ A   피고인 아닌 자 진술서   자 + 성립의 진정 + 반대신문권 기회보장
진술 = 작성   (공판정 X)   ↑
                                                      (§313 ②但)

                  바로 다룰 수 있게   by '작성자'(녹음자)
                  '피고인'의 진술을 기재한 서류   자 + 성립의 진정 + 특 (§313 ①但)

진술기재서류
A —→ B   피고인 아닌 자의 진술을   '진술자'
진술 ≠ 작성   기재한 서류   자 + 성립의 진정
진술   녹음

CASE • 2010도8735

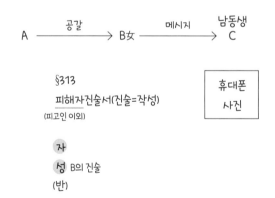

A ——공갈——→ B女 ——메시지——→ 남동생 C

§313
피해자진술서(진술=작성)
(피고인 이외)

자
성 B의 진술
(반)

휴대폰
사진

<전문법칙 예외>

1. §311: '법원·법관' 면전조서

2.   '피신조서'

   §312 ①: 검사작성

   §312 ③: 사경작성

   §312 ④: 검사
          사경 '진술조서'

3.   '진술서'

   §312 ⑤: 수사과정   §313: 수사과정 外

   (i)진술서 ┬ 피고인 : 자 + 성
              └ 피고인X : 자 + 성 + 반(§313 ②但)

   대체증명 O(§313 ②本)

   피고인의 '진술'에도 불구   (ii) 진술기재   '작성자'
   = 진술자 '성립의 진정'   서류 ┬ 피고인: 자 + 성 + 특
      부인에도 불구하고   └ 피고인X: 자 + 성

피고인 ──대화／녹음── 상대방   피고인 X ──대화／녹음── 사인 (위수증 X)

                 '작성자'   '진술자'
피고인의 진술기재서류 (§313 ①但): 자 + 성 + 특   피고인 아닌 자 진술기재서류 (§313 ①本): 자 + 성

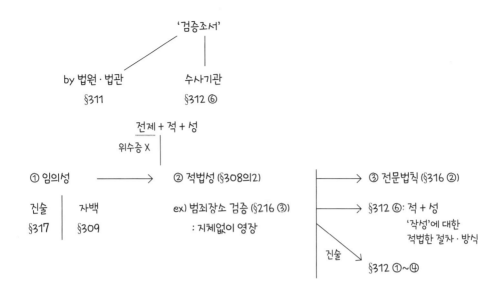

'검증조서'

by 법원·법관   수사기관
§311   §312 ⑥

전제 + 적 + 성
위수증 X

① 임의성 ────────→ ② 적법성 (§308의2) ────→ ③ 전문법칙 (§316 ②)

진술   자백   ex) 범죄장소 검증 (§216 ③) ────→ §312 ⑥: 적 + 성
§317   §309   : 지체없이 영장   '작성'에 대한
                                                          적법한 절차·방식
                                        진술
                                                §312 ①~⑭

'감정서'
§313 ③

대체증명 O (§313 ① 本)
≒ 피고인 X자 진술서 (§313 ① 本)   자 + 성 + 반 (§313 ②但)

§311

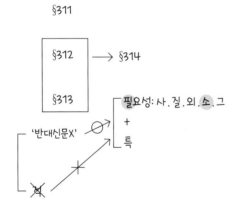

┌─────────┐
│ §312   │ ──→ §314
│   │
│ §313   │ ┌─ 필요성: 사.질.외.소.그
└─────────┘ │ +
'반대신문X' ─Ø→│ 특
            │
       ✗────┘

소재불명, 그밖에 이에 준하는 사유

~~증언거부권~~

§315 '당연증거 O'

1. 공권적 증명문서

2. 업무상 통상문서

3. 기타 특신문서

---

§316 전문진술

원진술 ——— 전문진술

① 피고인 ——— 특

② 피고인 X ——— 필±특

                사.질.외.소.그

재전문 ⟨ 서류 O
           진술 X

성폭행피해아동A ——————————— 母.B ——————→ 성폭력상담소 상담원

공판정: 원본

검사과정 A진술조서: 전문서류(§312 ④, 적/실/반/특)

공판정: 전문진술(§316 ②, 필+특)

검사작성 B진술조서: 재전문 서류

      전문   §316 ② + §312 ④

                필 · 특 + 적/실/반/특

재전문진술 X | 예외: 증거동의 O

최량증거법칙 = 원본동일성 O

CASE ▸ 2007도10804

┌ 전문법칙 예외 – §313 ①但: 자 + 성 + 특
│   ∥
└ 증거동의 = 당사자 동의 + 법원 진정성 인정
                        (=신용성 의심 정황 X)

제6절 당사자의 동의와 증거능력

<증거동의>

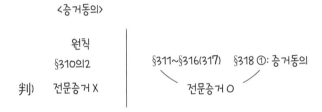

```
              원칙
            §310의2          §311~§316(317)    §318 ①: 증거동의
判)         전문증거 X               전문증거 O
```

<증거공통>

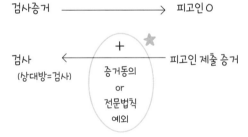

```
검사증거  ─────────────→  피고인 O

                    +  ★
검사    ←────── 증거동의   ──── 피고인 제출 증거
(상대방=검사)      or
               전문법칙
                예외
```

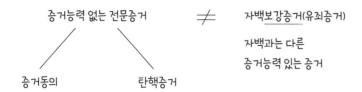

증거능력 없는 전문증거　　≠　　자백보강증거(유죄증거)

　　　　　　　　　　　　　　　　　자백과는 다른
　　　　　　　　　　　　　　　　　증거능력 있는 증거

증거동의　　　　　탄핵증거

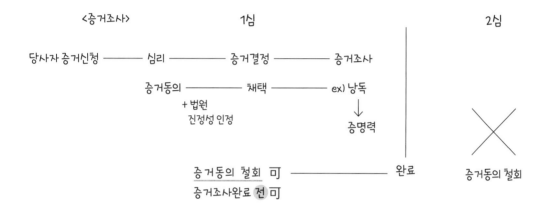

<증거조사>　　　　　　　　1심　　　　　　　　　　　　　　　　2심

당사자 증거신청 ──── 심리 ──── 증거결정 ──── 증거조사

　　　증거동의 ──── 채택 ──── ex) 낭독
　　　+ 법원
　　　진정성 인정
　　　　　　　　　　　　　　　　　증명력

　　증거동의 철회 可 ──────────── 완료　　　증거동의 철회
　　증거조사완료 전 可

제 **7** 절) 탄핵증거

1. 의의

탄핵증거:

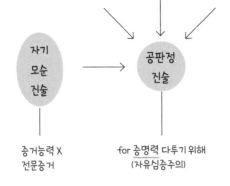

증거능력 X   for 증명력 다투기 위해
전문증거   (자유심증주의)

2. 자격 & 제한

(1) 자격
- 사경작성 피신조서 — 피고인 내용 부인 O
- 진술자의 간인, 기명날인 or 서명 無 O

(2) 제한
- 범죄사실 인정 X
- 임의성 없는 자백 진술·위수증 X
- 공판정 진술 이후 자기모순 진술 X
- 영상녹화물 X

3. 대상과 범위

4. 조사방법

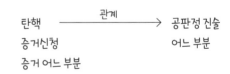

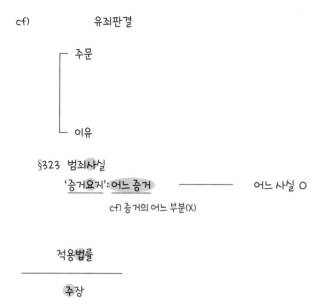

cf) 　　　　　유죄판결

┌─ 주문
│
└─ 이유

§323　범죄사실
　　　'증거요지': 어느 증거 ──────── 어느 사실 O
　　　　　　cf) 증거의 어느 부분(X)

적용법률
─────────────
주장

제 **8** 절　자백의 보강법칙

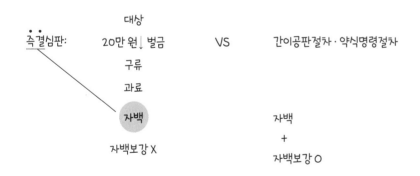

측결심판:
　　　　　　대상
　　　　　20만 원↓ 벌금　　　　VS　　　간이공판절차 · 약식명령절차
　　　　　구류
　　　　　과료
　　　　　　자백　　　　　　　　　　자백
　　　　자백보강 X　　　　　　　　　　+
　　　　　　　　　　　　　　　　자백보강 O

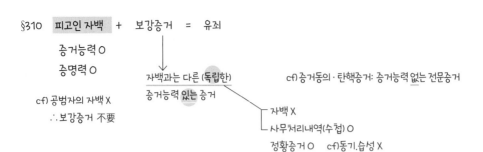

§310 피고인 자백 + 보강증거 = 유죄

증거능력 O
증명력 O

cf) 공범자의 자백 X
∴ 보강증거 不要

자백과는 다른 (독립한)
증거능력 있는 증거

cf) 증거동의·탄핵증거: 증거능력 없는 전문증거

자백 X
사무처리내역(수첩) O
정황증거 O   cf) 동기.습성 X

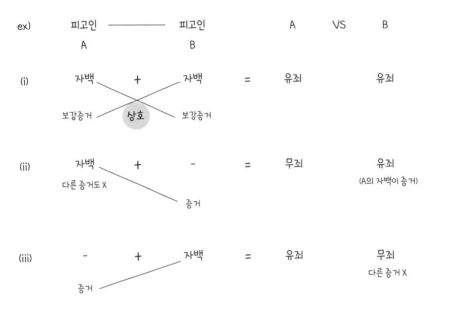

ex)   피고인 ——————— 피고인   A   VS   B
        A   B

(i)   자백   +   자백   =   유죄   유죄

    보강증거   상호   보강증거

(ii)   자백   +   -   =   무죄   유죄
                                            (A의 자백이 증거)
    다른 증거도 X

                        증거

(iii)   -   +   자백   =   유죄   무죄
                                            다른 증거 X
    증거

'사무처리 내역' — 자백 X
            — 업무상 통상문서 (§315 2호): 증거능력 O
            ∴ 보강증거 O

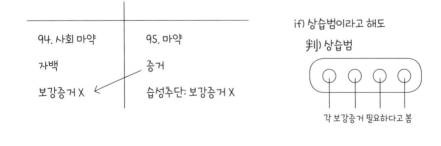

94. 사회 마약   95. 마약

자백   증거

보강증거 X   습성추단: 보강증거 X

if) 상습범이라고 해도
判) 상습범

각 보강증거 필요하다고 봄

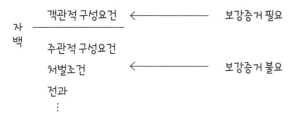

자
백
- 객관적 구성요건 ← 보강증거 필요
- 주관적 구성요건
- 처벌조건 ← 보강증거 불요
- 전과
  ⋮

§56: 자유심증주의 예외

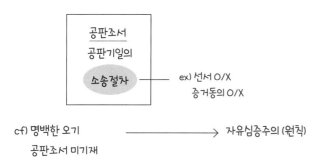

공판조서
공판기일의
소송절차 ─ ex) 선서 O/X
증거동의 O/X

cf) 명백한 오기 ────────→ 자유심증주의 (원칙)
　　공판조서 미기재

제 **1** 절 재판의 기본개념

	유죄판결	그 이외의 재판
	이유 = 사 . 요 . 법 . 주	'이유 명시'만 규정
		↓
		(재량)

VS

판결문, 영장	그 외 재판서
서명 + 날인	기명날인 or 서명날인

※ 즉시항고

집행유예취소, 공소기각결정, 기피신청기각 · 간이기각결정

참여재판 배제결정, 정식재판 청구기각결정, 상소기각결정　기

상소속행　신청기각속

상속회복청구권　회

선고유예실효　비용보상 · 배상 · 과태료(돈), 재정신청기각결정

재심청구　구속취소　감치

재판서경정결정　경

재판해석이의　해

재판집행이의　집

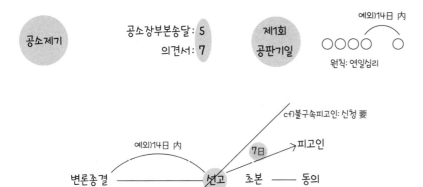

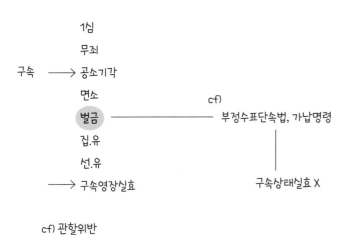

1심

무죄

구속 ⟶ 공소기각

면소

벌금 ——————— cf) 부정수표단속법, 가납명령

집.유

선.유

⟶ 구속영장실효   구속상태실효 X

cf) 관할위반
⟶ 구속실효 X (유죄)

<유죄판결에 명시할 '이유'> §323

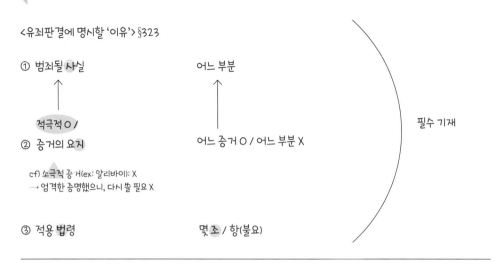

① 범죄될 사실　　　　　　　어느 부분

　　　　↑

　　적극적 O /

② 증거의 요지　　　　　　　어느 증거 O / 어느 부분 X

　　cf) 소극적 증거(ex: 알리바이): X
　　→ 엄격한 증명했으니, 다시 쓸 필요 X

③ 적용 법령　　　　　　　　몇 조 / 항(불요)

　　　　　　　　　　　　　　　　　　　　　　필수 기재

---

④ 범죄성립조각사유　(위법성조각 / 책임조각)　　　형벌 가중·감면사유, '주장 시'

　　cf) 구성요건해당성 조각사유 X　　　　　　　cf) 임의적 감면사유 X

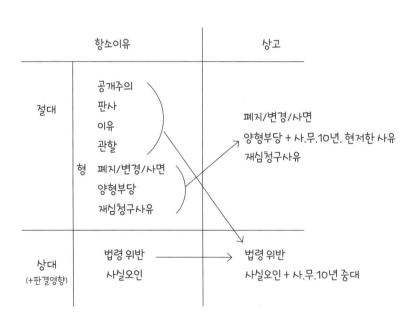

	항소이유	상고
절대	공개주의 판사 이유 관할 형　폐지/변경/사면 　　양형부당 　　재심청구사유	폐지/변경/사면 양형부당 + 사.무.10년. 현저한 사유 재심청구사유
상대 (+판결영향)	법령 위반 사실오인	법령 위반 사실오인 + 사.무.10년 중대

CASE ○ 90도427

공정증서원본 **부실** 기재 (형법 §228 ①)

피고: "부실등기 X" —— 구성요건해당성 부정 —→ §323 ② X
                                    부인

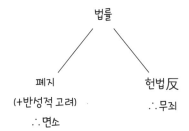

            가중   감경
        (필요적)한다   (필요적)한다
                        (임의적)할 수

                    법률

        폐지   헌법反
    (+반성적 고려)   ∴무죄
        ∴면소

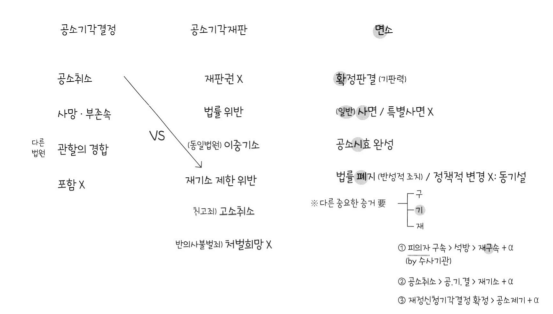

| 공소기각결정 | 공소기각재판 | 면소 |

공소기각결정
- 공소취소
- 사망 · 부존속
- 다른 법원 관할의 경합
- 포함 X

VS

공소기각재판
- 재판권 X
- 법률 위반
- (동일법원) 이중기소
- 재기소 제한 위반
- 친고죄) 고소취소
- 반의사불벌죄) 처벌희망 X

면소
- 확정판결 (기판력)
- (일반) 사면 / 특별사면 X
- 공소시효 완성
- 법률 폐지 (반성적 조치) / 정책적 변경 X: 동기설

※ 다른 중요한 증거 要
- 구
- 기
- 재

① 피의자 구속 > 석방 > 재구속 + α
  (by 수사기관)
② 공소취소 > 공.기.결 > 재기소 + α
③ 재정신청기각결정 확정 > 공소제기 + α

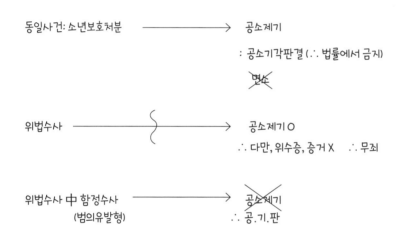

동일사건: 소년보호처분 ——————→ 공소제기
: 공소기각판결 (∴ 법률에서 금지)
~~면소~~

위법수사 ——————→ 공소제기 O
∴ 다만, 위수증, 증거 X   ∴ 무죄

위법수사 中 함정수사 ——————→ ~~공소제기~~
(범의유발형)   ∴ 공.기.판

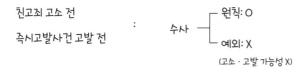

친고죄 고소 전
즉시고발사건 고발 전 ： 수사 ─┬─ 원칙: O
└─ 예외: X
(고소 · 고발 가능성 X)

1번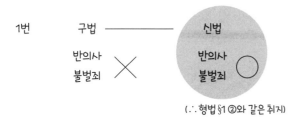

구법 ──────── 신법

반의사 ✕ 반의사
불벌죄 불벌죄 ◯

(∴ 형법 §1 ②와 같은 취지)

2번 수표 지급 X = 부도수표

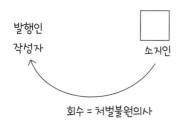

발행인
작성자 소지인

회수 = 처벌불원의사

• 면소판결

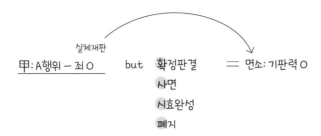

甲: A행위 – 죄 ○   but   확정판결   ═ 면소: 기판력 ○
                          사면
                          시효완성
                          폐지

일반사면   │   특별사면 (형집행면제)
면소   │   누범전과 ○

CASE • 2012도14253

혼빙간: 위헌 ────────── 무죄

위계간음: 법률폐지 ──── 면소
         (반성적 고려)

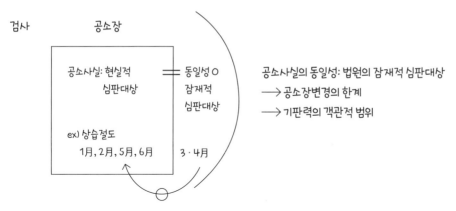

검사 　　　　공소장

공소사실: 현실적
　　　심판대상　　　＝＝ 동일성 〇
　　　　　　　　　　　　잠재적
　　　　　　　　　　　　심판대상

ex) 상습절도
　　1月, 2月, 5月, 6月　　　3 · 4月

공소사실의 동일성: 법원의 잠재적 심판대상
⟶ 공소장변경의 한계
⟶ 기판력의 객관적 범위

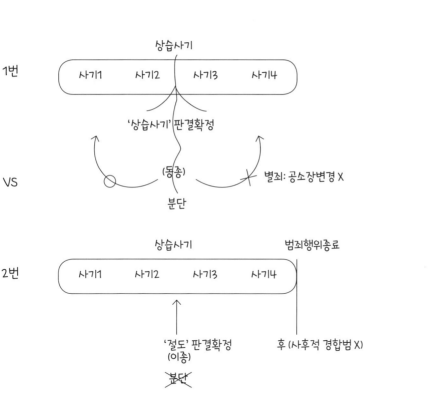

상습사기

1번　　사기1　　사기2　　사기3　　사기4

'상습사기' 판결확정

VS　　　（동종）　　　 별죄: 공소장변경 X
　　　　분단

상습사기　　　　　범죄행위종료

2번　　사기1　　사기2　　사기3　　사기4

'절도' 판결확정　　　후 (사후적 경합범 X)
（이종）

분단

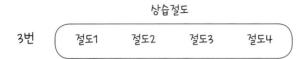

3번

상습절도

절도1   절도2   절도3   절도4

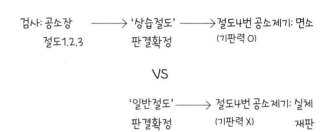

검사: 공소장   ──────▶ '상습절도' ────▶ 절도4번 공소제기: 면소
       절도1.2.3   판결확정   (기판력 O)

VS

'일반절도' ────▶ 절도4번 공소제기: 실체
판결확정   (기판력 X)   재판

6번

영리목적   단순   영리목적   단순
무면허   무면허   무면허   무면허

1죄
확정

부 $^{실대출}_{정수표단속}$ ＋ 배임 ＝ 상

부 $^{정의약품}_{정수표단속}$ ＋ 사기 ＝ 실

공^{천관련수수} ＋ 사기 ＝ 상

유^{사수신행위} ＋ 사기 ＝ 실

알^{선수재} ＋ 사기 ＝ 상

배임 ＋ 사기 ＝ 상 (본인)
                  실 (제3자)

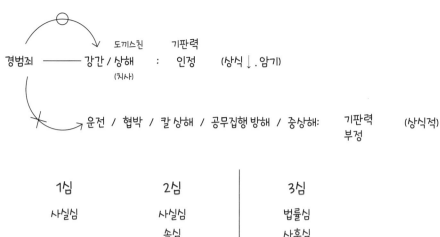

경범죄 ——— 강간 / 상해 : 인정 (상식 ↓ . 암기)
　　　　　　　(치사)
　도끼스친　기판력

　　　　　　 운전 / 협박 / 칼 상해 / 공무집행 방해 / 중상해: 기판력 (상식적)
　　　　　　　　　　　　　　　　　　　　　　　　　　　 부정

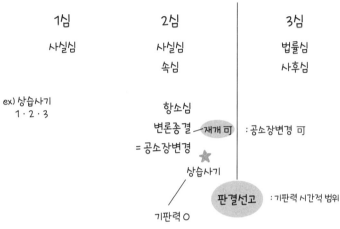

1심	2심	3심
사실심	사실심	법률심
	속심	사후심

ex) 상습사기
　1 · 2 · 3

항소심
변론종결 — 재개 可 : 공소장변경 可
= 공소장변경
　★
　상습사기
　　　　판결선고 : 기판력 시간적 범위
기판력 ○

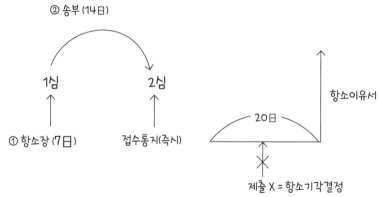

② 송부 (14日)

1심　　　　2심　　　　　　　　　　　　항소이유서

　　　　　　　　　　　　　20日
① 항소장 (7日)　접수통지(즉시)

　　　　　　　　　　　　제출 X = 항소기각결정

★ 항소심 판단대상

(항소이유서 X) (i) 항소이유서
　　　　　　　 (ii) 판결에 영향을 미친 사항 ——→ 항소이유서 미제출 시에도
　　　　　　　　　　　　　　　　　　　　　　 항소심 사실심리 可

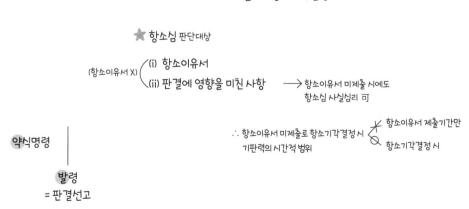

　　　　　　　　　　　　　　　　　　　　　　　　항소이유서 제출기간만
　　　　　　　　∴ 항소이유서 미제출로 항소기각결정 시 ✗
　　　　　　　　　기판력의 시간적 범위　　　　　　　⊘ 항소기각결정 시

약식명령

　　발령
　= 판결선고

형사소송법

05

상소 · 비상구제절차 · 특별절차

제 **1** 절 상소 일반

• 특별절차
 : 약식/즉결

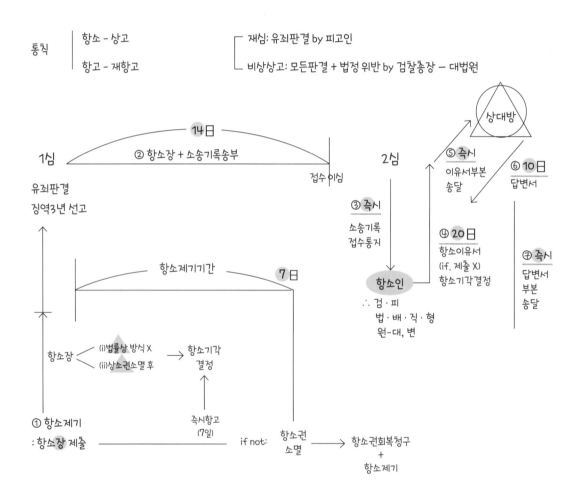

통칙
- 항소 - 상고
- 항고 - 재항고

- 재심: 유죄판결 by 피고인
- 비상상고: 모든판결 + 법정 위반 by 검찰총장 - 대법원

1심

유죄판결
징역3년 선고

14日
② 항소장 + 소송기록송부
접수 이심

항소제기기간
7日

항소장
(i) 법률상 방식 X
(ii) 상소권소멸 후
항소기각
결정

① 항소제기
: 항소장 제출

즉시항고
(7일)

if not:
항소권
소멸
항소권회복청구
+
항소제기

2심

③ 즉시
소송기록
접수통지

항소인
∴ 검·피
법·배·직·형
원-대, 변

④ **20**日
항소이유서
(if. 제출 X)
항소기각결정

⑤ 즉시
이유서부본
송달

⑥ **10**日
답변서

⑦ 즉시
답변서
부본
송달

상대방

(7 - 14 - 즉 - 20 - 즉 - 10 - 즉)

• 재소자특칙 (재/약/참/상: 제·포·회·이)

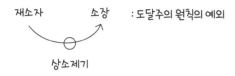

재소자   소장   : 도달주의 원칙의 예외

상소제기

재심청구 ≠ ★ 재정신청 (재소자특칙 X)

약식명령, 정식재판청구

참여재판 희망

상소 ┌ 제기
    ├ 포기·취하
    ├ 회복청구
    └ 이유서 제출

CASE 2003모451

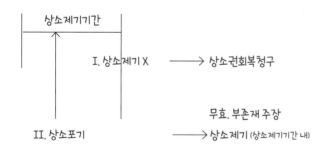

상소제기기간

I. 상소제기 X   ⟶   상소권회복청구

무효. 부존재 주장

II. 상소포기   ⟶ 상소제기 (상소제기기간 내)

III. 상소포기 │ 기간도과 ⟶ 상소포기 부존재·무효 주장
                                           +
                           상소권회복청구

변호인, 종속대리권: 관 · 정 · 상
                       식   소
                       재   취하
                       판
                       취하
                         +

→ 피고인동의 要 (명시적)

법정대리인) 유일: 명시의사 反 − 상소제기 ○ ★

    상소취하: 피고인동의 要
    (∴ 취하 시 원심 확정)

<일부상소>

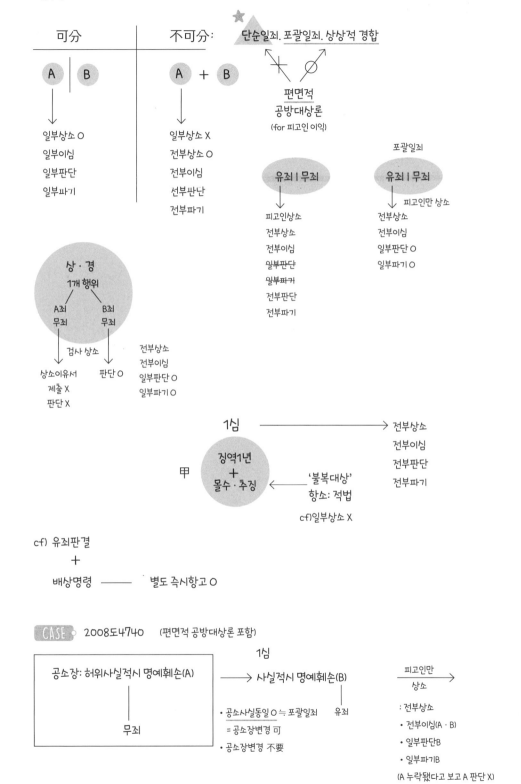

可分

Ⓐ | Ⓑ

일부상소 O
일부이심
일부판단
일부파기

不可分 :

Ⓐ + Ⓑ

일부상소 X
전부상소 O
전부이심
선부판난
전부파기

★
단순일죄. 포괄일죄. 상상적 경합

편면적
공방대상론
(for 피고인 이익)

유죄 ﹗ 무죄

피고인상소
전부상소
전부이심
일부판단
일부파커
전부판단
전부파기

포괄일죄

유죄 ﹗ 무죄

피고인만 상소

전부상소
전부이심
일부판단 O
일부파기 O

상 · 경
1개 행위

A죄   B죄
무죄   무죄

검사 상소   전부상소
                         전부이심
상소이유서   판단 O   일부판단 O
제출 X   일부파기 O
판단 X

1심 ──────────→ 전부상소
                                           전부이심
甲   징역1년   '불복대상'   전부판단
        +   ←── 항소 : 적법   전부파기
   몰수 · 추징
                          cf)일부상소 X

cf) 유죄판결
       +
    배상명령 ──── 별도 즉시항고 O

CASE 2008도4740   (편면적 공방대상론 포함)

                                              1심
┌──────────────────────┐   ┌→ 사실적시 명예훼손(B)   피고인만
│ 공소장: 허위사실적시 명예훼손(A) │   상소
│   │   │ • 공소사실동일 O ≒ 포괄일죄 유죄   : 전부상소
│   │   │   = 공소장변경 可   • 전부이심(A · B)
│   무죄   │ • 공소장변경 不要   • 일부판단B
└──────────────────────┘   • 일부파기B
                                                                       (A 누락됐다고 보고 A 판단 X)

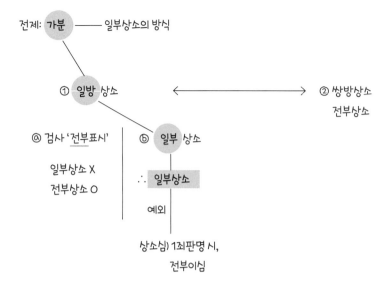

전제: **가분** ——— 일부상소의 방식

① **일방** 상소 ⟵————————⟶ ② 쌍방상소
                                   전부상소

ⓐ 검사 '전부표시'   ⓑ **일부** 상소

일부상소 X   ∴ 일부상소
전부상소 O

                        예외

              상소심) 1죄판명 시,
                    전부이심

<불이익 변경금지>: 피고인만 상소/피고인을 위한 상소, 중형변경 금지

◉ 적용범위

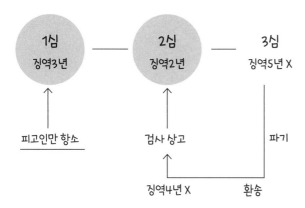

1심
징역3년 ——— 2심
징역2년 ——— 3심
징역5년 X

피고인만 항소

검사 상고

파기

징역4년 X   환송

피고인 · 검사 쌍방 상소
검사 상소이유서 제출 X

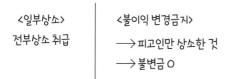

<일부상소>	<불이익 변경금지>
전부상소 취급	⟶ 피고인만 상소한 것
	⟶ 불변금 O

＊ 약식 ⟶ 정식재판청구
　§457의2 ① 개정

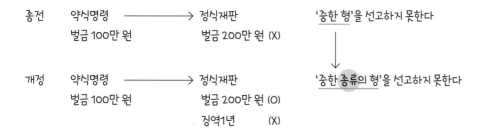

종전　　약식명령　　　⟶　　정식재판　　　'중한 형'을 선고하지 못한다
　　　　벌금 100만 원　　　　　벌금 200만 원 (X)
　　　　　　　　　　　　　　　　　　　　　　　　⟶

개정　　약식명령　　　⟶　　정식재판　　　'중한 종류의 형'을 선고하지 못한다
　　　　벌금 100만 원　　　　　벌금 200만 원 (O)
　　　　　　　　　　　　　　　징역1년　　　 (X)

CASE 2008도1092

1심   2심

                                      직권
징역1년 ─────검사─────→ 벌금 500만 원 O
  +   항소
집유2년   불.변.금 적용 X

사형   형법§41 [형의 종류] (사/징/금/자/자/벌/구/과/몰)
징역   §50 ① [형의 경중]
금고
자격상실
자격정지
벌금
구류
과료
몰수

병합사건 관련 판례

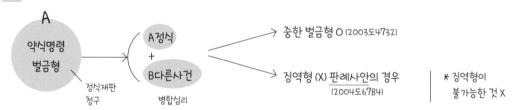

        A
    약식명령 ──→ A정식 ────→ 중한 벌금형 O (2003도4732)
    벌금형   +
              B다른사건 ────→ 징역형 (X) 판례사안의 경우   ＊ 징역형이
         정식재판   (2004도6784)   불가능한 것 X
         청구   병합심리

⊙ 불변금 내용: (1) 중형선고 금지 / 사실인정. 법령적용. 죄명, 공소장변경 중해져도 무방

CASE 98도4534

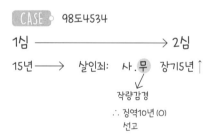

1심 ──────────────→ 2심

15년 ──→   살인죄: 사 . 무 장기5년 ↑
                       ↓
                   작량감경
                 ∴ 징역10년 (O)
                     선고

CASE 2011도14986

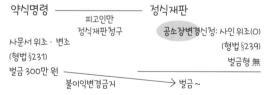

약식명령 ──────────── 정식재판
         피고인만   공소장변경신청: 사인 위조(O)
         정식재판청구   (형법§239)
사문서 위조 · 변조   벌금형 無
(형법§231)
벌금 300만 원 ─────────────
         불이익변경금지 ──→ 벌금 ~

(2) 불이익 판단: 전체적. 종합적. 실질적

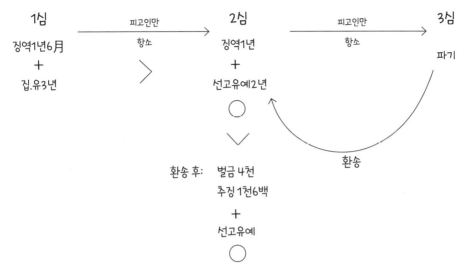

CASE 97도1716

| 1심 | 피고인만 항소 | 2심 | 피고인만 항소 | 3심 |

1심: 징역1년6月 + 집.유3년

2심: 징역1년 + 선고유예2년

3심: 파기

환송

환송 후: 벌금 4천 추징 1천6백 + 선고유예

(3) 불변금 구체적 고찰

1) 실형선고: 가장 중한 형 기준

〔불면금 위반 X 判〕

① 징역 ——→ 징역 + 벌금

　　3　　　　　3　+　벌금 (X)

　　③ ——→ 2 + 벌금 (O) (∵ 주형 감경)

② 즉결심판 ——————→ 정식재판

　　환형유치처분

벌금 1천 + if 벌금 안내면,　　>　　구류 : 20일

　　　　1日 = 100만 원

　　　　∴ 10일

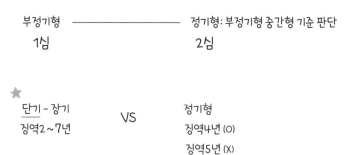

부정기형 ——————————— 정기형: 부정기형 중간형 기준 판단

　　1심　　　　　　　　　　　　　　2심

★

단기 - 장기　　　VS　　　정기형

징역2 ~ 7년　　　　　　　징역4년 (O)

　　　　　　　　　　　　　징역5년 (X)

2) 집행유예 · 선고유예 · 형면제

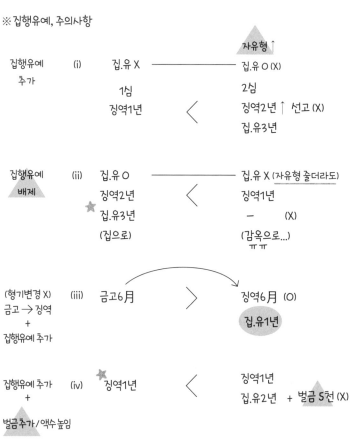

　※집행유예, 주의사항

집행유예　　(i)　집.유 X ——————— 자유형↑
추가　　　　　　　　　　　　　　　　집.유 O (X)

　　　　　　　　1심　　　　　　　　2심

　　　　　　　　징역1년　　　＜　　징역2년↑ 선고 (X)

　　　　　　　　　　　　　　　　　　집.유3년

집행유예　　(ii)　집.유 O ——————— 집.유 X (자유형 줄더라도)
배제　　　　　　징역2년　　＜　　징역1년

　　　　★　　　집.유3년　　　　　　　 －　　　(X)

　　　　　　　　(집으로)　　　　　　(감옥으로...)
　　　　　　　　　　　　　　　　　　　ㅠㅠ

(형기변경 X)　(iii)　금고6月 ＞ 징역6月 (O)
금고 → 징역　　　　　　　　　　　　집.유1년
　＋
집행유예 추가

집행유예 추가　(iv)　★ 징역1년　＜　징역1년
　＋　　　　　　　　　　　　　　　　집.유2년　＋ 벌금 5천 (X)

벌금추가/액수높임

3) 몰수. 추징: 주형 감경 + 몰수 · 추징 추가 or 추징액 증가
　　징역2년　　　＞　　　징역1년 + 추징1천 (O)

<파기판결의 기속력>

의사 ───→ 서울시부시장 ───→ 국회의원 ───→ 기자

VS
↓
메디슨

∴ 의사
   출판물명예훼손 X
   허위사실 명예훼손 O

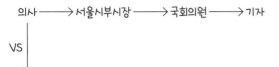

제 **2** 절 항소

① 항소의 의의와 항소심의 구조

원칙 − 속심
예외 − 사후심

<항소이유>

절 대 적	공 : 공개주의 위반	
	판 : 판사	
	이 : 이유 불비 모순	
	관 : 관할인정 / 위반의 위법	
	폐 : 형의 폐지 · 변경 or 사면	
	양 : 양형부당	
	재 : 재심사유	
상 대 적	법 : 법률의 위반	
	사 : 사실의 오인	

② 항소심의 절차 (7 - 14 - 즉 - 20 - 즉 - 10 - 즉)

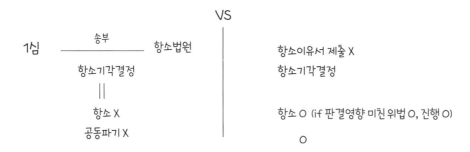

1. 항소의 제기

   (1) 항소제기: 원심법원, 항소제기기간 **7**일 (재소자 특칙 O)

   (2) 원심법원: ┌ 법 · 권 - 상. 기. 결. 즉시항고 O
                  └ **14**일 이내 항소장 · 소송기록송부

      항소법원: 항소기각결정 / 공소기각결정
         ★ (필요적 변호사건) 국선변호인 선정
            항소법원
      즉시 │ 소송기록
           │ 접수통지
           ↓
      피고인: 구속(필요적 변호사건)
      (항소인)

   (3) 항소이유서와 답변서 제출

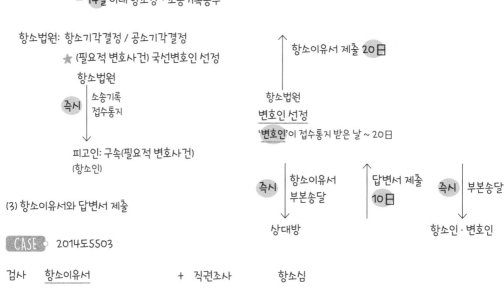

   CASE   2014도5503

   검사   항소이유서   + 직권조사   항소심
          기재X / 진술O ──→ 항소이유 X for 피고인 이익 = 중한 형 X

   검사   항소이유서 양형부당 기재O + 구두변론 X   = 중한 형 X
   ∴   항소이유서 양형부당 기재O + 구두변론 O = 중한 형

   VS [비교판례2] 2010.12.9. 2008도1092

   검사   항소이유서   + 직권조사   = 가벼운 형
         양형부당   for 피고인
         기재O   이익

2. 항소심 심리

CASE 2011도16166

```
                   항소심
1회기일            2회기일    ──service──→  3회기일 (소환 X)
불출석             불출석                    불출석재판 X
                  (재판 可)
```

3. 항소심재판

- 항소기각결정: 항소제기 부적법(법 · 권-상기결) / 항소이유서 X
- 항소기각판결 / 인용판결: 공동피고인을 위한 파기   ~~내껏 아니야~~   ~~내꺼야~~
        파기자판 / 파기환송 (공. 관-하여야 한다) / 파기이송(관할인정위반)
        관할위반이 위반

제 3 절) 상고

1. 상고이유

절대적	폐: 형의 폐지 or 변경 · 사면
	양: 양형부당 ──→ ★사형 · 무기 · 10년 이상 / 중대한 사건
	재: 재심사유
상대적	법: 법률의 위반 (──→ 항소이유 中 절대적: 공/판/이/관 포함)
	사: 사실의 오인 ──→ ★사형 · 무기 · 10년 이상 /중대한 사실오인

CASE 2014도17252

```
                                                  공시송달
1심    송달불능보고서         6月      │  1차      2차
       접수                           │  2주      5일
            ┌────┐
            │소재불명│
            │  유지  │                    항소심
            └────┘
                    검사항소
       불출석재판      항소기간              징역3년      상고기간
    ∴ 징역3년 선고      7日                  선고           7日
How to    (i)    ─────────── (ii)    (iii) 상고심
       소촉법) 재심청구    유추    判) 재심청구 or
            (1심)                              ┌──────────┐
                                               │ 상소권회복청구  │    상고이유 O
• 상고심: 사실오인. 양형부당   Ø  피고인 / 피고인의 이익    │      +       │  = (재심사유 有)
                          X  검사                      │  상소제기     │
                                               └──────────┘
```

2. 상고심절차 (7 – 14 – 즉 – 20 – 즉 – 10 – 즉)

   (1) 상고제기
- 20일 내 항소이유서 제출 X: 상고기각결정 (≠항소심 이유서 미제출: 무변론 항소기각판결)

                                 ↑
                              불복 X

   (2) 상고심 심리
- 심판범위: 원칙 – 상고이유
          예외(직권): 법/폐/재 cf) 항소심: : 법/양/사 등

- 심리특칙: 피고인 출석배제: 피고인 소환 不要 / 변호사 아닌 자 변호인 X (특별변호인 X)
          서면심리원칙(무변론판결 가능)

   (3) 상고심재판: 파기판결 – 상고이유 여부 '원판결 시(항소심판결선고 시)' 기준

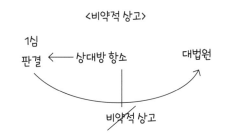

〈비약적 상고〉

1심
판결 ←— 상대방 항소   대법원

비약적 상고

〈상고심판결 정정〉

1. 의의: 판결로 정정

2. 절차: 선고 후 10日 內

3. 확정시기: 상고심판결선고 시
                    (기간경과 후 X)

제 4 절 항고

1 항고의 의의와 종류

법원결정 ←——— 〈항고〉

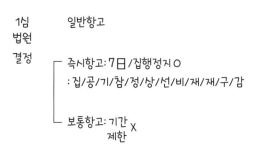

1심
법원   일반항고
결정
          ┌ 즉시항고: 7日 / 집행정지 O
          │ : 집/공/기/참/정/상/선/비/재/재/구/감
          │
          └ 보통항고: 기간 X
                      제한

cf) 법관 ←— 준항고 (§416) : 7日

    수사기관 ←— 준항고 (§417)
                ※ 압/구/변

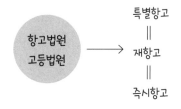

항고법원
고등법원   ——→

특별항고
‖
재항고
‖
즉시항고

종국재판		종국 전 재판
판결	결정 . 명령	판결 전 소송절차에 관한 결정 (§403)

즉시항고 ╱ O (명문)
              ╲
              │ 원칙)
              ╲ X —→ 보통항고 X (§403 ①) (∵ 재판 지연)

              예외)
              ★
              압/구/보/감: 보통항고 O (§403 ②)

구속

'수임판사'   수소법원

피의자 구속   피고인 구속

: 불복 X   : 보통항고

---

②　항고심의 절차 (7/X − 3 − 5 − X)

1. 항고 제기: 원심법원 제출 (즉시항고 7일)

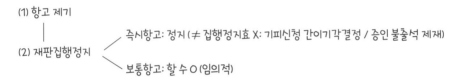

(1) 항고 제기

(2) 재판집행정지 ┌ 즉시항고: 정지 (≠ 집행정지효 X: 기피신청 간이기각결정 / 증인 불출석 제재)

└ 보통항고: 할 수 O (임의적)

(3) 원심법원: • 항고기각결정 (법·권 – 항·기·결)

• 경정결정 (재고의 고안)

원심법원, 의견서 등 송부: **3일**　　cf. 상소: 14일

항고법원, 접수 통지: **5일**　　cf. 상소: 즉시

2. 항고심 심판: 임의적 변론

검사의 의견진술 ⟶ case) 항고장 – 의견 진술 의제 O

---

③　준항고

수사기관의 처분: 압/구/변

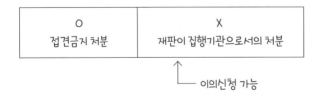

O 접견금지 처분	X 재판이 집행기관으로서의 처분

↑ ┘ 이의신청 가능

비상구제절차

제 1 절 재심

1 의의 · 대상 · 구조

⦿ 이익심

⦿ 대상

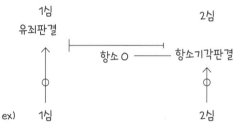

1심
(1) 유죄확정판결   특별사면: 재심청구 ○

X

(2) 재심청구의 경합 시

⦿ 재심절차

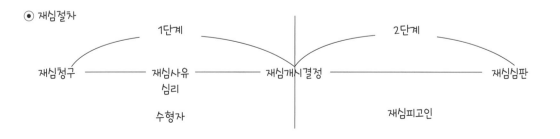

2 재심사유

1. 유죄의 확정판결에 대한 재심사유

◉ 허위증거에 의한 재심사유: 증/증/무/재

증언 ──→ 위증 확정: 재심 개시 O

다른 증거 ──→ 유죄 고려 X

≒

저/직 + 확정판결

직무범죄: 재심 개시 O

사건관여 여부 고려 X

CASE   2003도1080

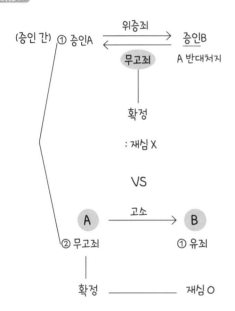

(증인 간) ① 증인A ──위증죄──→ 증인B

←──무고죄──

A 반대처지

확정

: 재심 X

VS

A ──고소──→ B

② 무고죄   ① 유죄

확정 ────── 재심 O

◉ 신증거 재심사유

• 대상적격

유죄 ──→ 무죄
            면소 (공소기각 X)

형선고 ──→ 경 죄
            형면제 (필요적)

cf) 의사무능력 ──→ 무.면 / 공.면,
            제   소

형
피고인불출석
공판절차정지 X

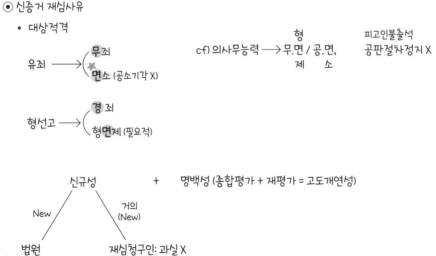

신규성 + 명백성 (종합평가 + 재평가 = 고도개연성)

New   거의
            (New)

법원   재심청구인: 과실 X

2. 상고기각확정판결 재심사유: 증/증/직

3. 헌재, 위헌결정: 재심 O   VS   한정위헌: 재심 X

4. 확정판결에 대신하는 증명

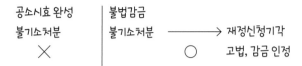

공소시효 완성   불법감금
불기소처분   불기소처분 ──────→ 재정신청기각
     ✕   ◯   고법, 감금 인정

---

3 재심개시절차

1. 재심청구

2. 재심청구에 대한 심판

   형법 §37 전단

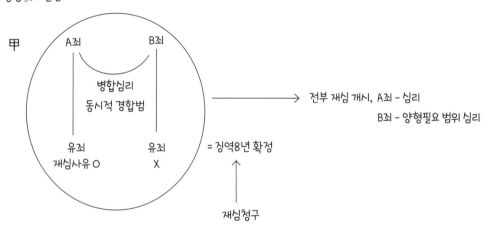

甲   A죄   B죄
         병합심리
         동시적 경합범   ──────→ 전부 재심 개시, A죄 - 심리
                                                      B죄 - 양형필요 범위 심리
      유죄   유죄 = 징역8년 확정
      재심사유 O   X
                        ↑
                      재심청구

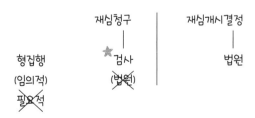

                재심청구   │ 재심개시결정
                  │   │   │
형집행   ★ 검사   │   법원
(임의적)   (법원)
필요적

4 재심심판절차

1. 재심개시결정의 확정과 그 효력(New trial)

    – 다시: 처음부터 새로

    – 심급에 따라: 원판결의 심급

    – 적용법령: '재심판결 당시'
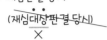
                   (재심대상판결 당시)
                        X

2. 재심심판절차 특칙

    – 공판절차정지 · 공소기각결정 X

    – 필요적 변호

    – 공소취소 X / 공소장변경 O

    – 불변금 O

    – 무죄판결 공시하여야 하나, 재심피고인 원하지 않으면 X

(확정→) 재판의 집행과, 형사보상 (헌법 §28)

제 1 절) 재판의 집행

- 확정 후 즉시집행
- 형집행을 위한 소환(검사 지휘): 1st 소환 ──→ 2nd 구인 (형집행장)
- 형집행장 제시시 사본교부의무 신설

제 2 절) 형사보상(헌법상 기본권)

- 다른 법률규정에 의해 손배청구도 可 (but 이중배상 X)
- 피고인 보상
  • 요건: 무죄판결/ 이유 중 무죄판단/ 면소 or 공소기각 사유 없었다면, 무죄판결 받았을 현저한 사유
  • 청구시기: 안 날로부터 3년, 확정된 때 5년(안3확5)
  • 불복: 청구기각결정 후 1주일 내 즉시항고
- 피의자 보상: 협의의 불기소 처분(기소유예 X)

제 1 절 약식절차

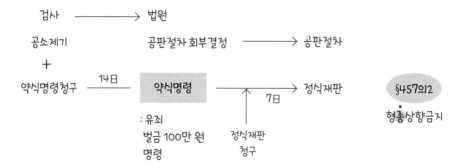

1 의의 및 취지

cf) 간이공판절차, 즉결심판

2 청구

- 청구권자: 검사

- 대상: 벌금. 과료 몰수에 처할 수 있는 사건 (법정형으로 규정)

- 방식: 공소제기와 동시에 서면
    증거물. 증거서류 제출 (공소장 일본주의 적용 X)

3 심판

1. 심리: 서면심리

      ↓

      공소장변경 X

전문법칙 X 증거동의	위수증배제. 자백배제. 자백보강 O

2. 공판절차 회부: 약식명령 할 수 없거나, 적당하지 않은 경우 '공판절차에 의하여 심판'
                                                청구기각 X

      • 증거서류, 증거물 반환 X (∴ 법원 예단 X)

      • 제척사유 X

3. 약식명령: • 청구 후 14일

                  • 주문: 범죄사실. 적용법령
                         cf) 증거요지 X

                  • 주형: 벌금. 과료. 몰수

                  • 고지: 송달

4 정식재판청구

1. 절차

    (1) 청구권자: 검사/피고인 (포기 X)

    (2) 청구기간·방식: 고지받은날부터 7日 內 (재소자특례 O)
                       서면 (기명날인 or 서명. if not, 청구기각결정)
                       상소권회복에 관한 규정 준용
                       일부청구 O

(3) 청구취하: 1심판결선고 전

　　　　법정대리인 있는 피고인 ― 법정대리인 상호 동의 (≒상소취하)

　　　　서면 or 진술

　　　　재청구 X

2. 정식재판청구재판

　　(1) 정식재판청구기각결정: 법령 위반, 청구권 소멸

　　　　　　　　　즉시항고 O

　　(2) 공판절차심판:　• 2회연속불출석, 피고인 없이 재판 O

　　　　　　　　　　　• 불이익변경금지(§457의2)

　　　　　　　　　　　　― 중한 종류의 형 선고 X

　　　　　　　　　　　　― 중한 형 선고 시 이유 기재

　　　　　　　　　　　　약식명령실효 ― 재심 X

제 2 절 즉결심판절차

1 의의 및 성질

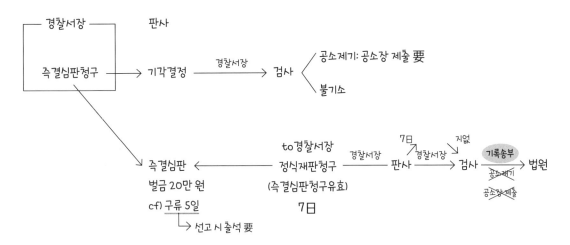

2 즉결심판의 청구

1. 청구권자: 관할 경찰서장 or 해양경찰청서장
      ⟶ 기소독점주의 예외

2. 대상: 20만 원 이하 벌금. 구류. 과료
      (선고령)

3. 방식: 서류, 증거물 판사 제출 (공소장 일본주의 X)

3 즉결심판청구사건의 심판

1. 청구기각결정: 단, 무죄·면소·공소기각 명백 시 즉결 심판 O
   cf) 약식   경찰서장 관할 지방검찰청 or 지청장 송치
             검사 공소 제기 여부 결정

2. 즉결심판: • 즉시심판

  • 공개주의(경찰관서 외의 장소)

  • 불개정심판 可 / 불출석재판 可 (500만 원 이하 벌금.과료 or 불출석허가)
    (구류 X)   (구류: 인정신문기일. 판결선고기일 출석 ──→ 즉결심판은 즉시심판 ──→ 사실상 불출석 X)

  • ⟨ ★ 자백 보강법칙 X
       자백배제법칙. 위수증 배제법칙: O

  • 선고할 수 있는 형: 20만 원 이하 벌금. 구류. 과료
                  무죄. 면소. 공소기각
                  유치명령 (5일 초과 X. 선고기간 초과 X)

4 정식재판의 청구

1. 청구: 7일 內 경찰서장
       포기 可   cf. 약식 ─ 피고인 X

2. 처리: 검사, 공소제기 不要 (경찰서장 즉결심판청구 유효)

3. 심리: 불변금 적용

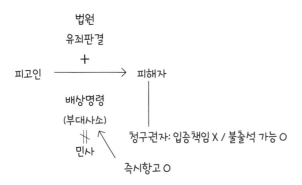

1. 요건: 유죄판결선고

 직접적 물적 피해. 치료비. 위자료 O (간접적 손해 X)

 소극적 요건 X: 피해금액 불특정, 피고인의 배상책임유무 or 범위 불분명

2. 절차: 직권 or 신청

 1심 or 2심 변론종결 시까지

 신청인 불출석 O

3. 재판: 유죄판결선고 시만, 배상명령

 유죄판결 파기, 무죄/면소/공소기각재판 시, 배상명령취소

 신청 각하, 일부인용 ──→ 다시 동일배상신청 X (민사 등 다른 구제절차)

 배상명령에 대해서만 7일 내 즉시항고 O

※ 배상명령 (돈): '**7일**' 내 즉시항고
　　형사보상

형사소송법

부록

1 2020.02.04. 검·경 수사권 조정

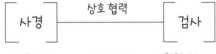

사경 ──── 상호 협력 ──── 검사

모든 범죄   <수사의 개시>   검찰청법 §4 ① 1.

가. 부패범죄 / 경제범죄 / 공직자범죄 / 선거범죄 / 방위사업범죄 / 대형참사

개정으로 삭제 [2022.9.10. 시행]

나. 경찰공무원이 범한 범죄 + 공수처공무원 범죄(개정으로 신설) [2022.9.10. 시행]

다. 사경 송치 → 관련 인지범죄와 직접관련성 있는 범죄(ex: 동기·수단)

> 검수완박 개정
>
> [2022.5.9.]

시정조치미이행사건, 위법한 체포·구속, 불송치 사건에 대하여 고소인 등
이의신청사건

동일성을 해치지 아니하는 범위 안에서 수사할 수 있다.

<수사 중>

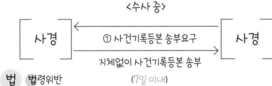

사경 ◄──── ① 사건기록등본 송부요구 ──── 사경

지체없이 사건기록등본 송부
(7일 이내)

§197조의 3

법 법령위반

인 인권침해

남 현저한 수사권 남용

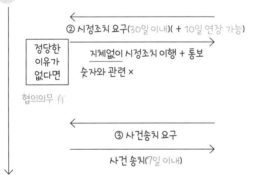

② 시정조치 요구(30일 이내)(+ 10일 연장 가능)

> 정당한
> 이유가
> 없다면

지체없이 시정조치 이행 + 통보
숫자와 관련 ×

협의의무 有

③ 사건송치 요구

사건 송치(7일 이내)

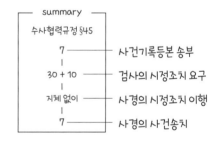

> summary
>
> 수사협력규정 §45
>
> 7 ──── 사건기록등본 송부
> 30 + 10 ──── 검사의 시정조치 요구
> 지체 없이 ──── 사경의 시정조치 이행
> 7 ──── 사경의 사건송치

비교	보완수사 요구	시정조치
	미이행	법/인/남
직무배제	○	×
징계	○	○

<피의자신문 전 고지의무>

거 진술거부 할 수 있다.

불 진술을 거부하더라도 불이익을 받지 아니한다.

포 진술거부권을 포기하고 행한 진술은 유죄의 증거가 될 수 있다.

변 변호인 조력권

검 검사에 대한 구제신청권

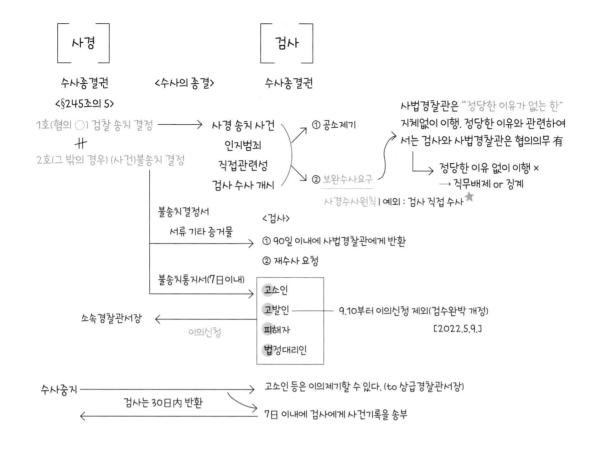

사경 | 검사

수사총결권　　　　　〈수사의 종결〉　　　　　수사총결권

사법경찰관은 "정당한 이유가 없는 한" 지체없이 이행. 정당한 이유와 관련하여서는 검사와 사법경찰관은 협의의무 有

〈§245조의 5〉

1호(혐의 ○) 검찰 송치 결정 ──→ 사경 송치 사건　①공소제기
　　　　╫　　　　　　　　　　인지범죄
2호(그 밖의 경우) (사건)불송치 결정　직접관련성
　　　　　　　　　　　　　　검사 수사 개시　②보완수사요구

→ 정당한 이유 없이 이행 ×
→ 직무배제 or 징계

사경수사원칙 | 예외 : 검사 직접 수사 ★

불송치결정서
서류 기타 증거물 ──→ 〈검사〉
　　　　　　　　①90일 이내에 사법경찰관에게 반환
　　　　　　　　②재수사 요청

불송치통지서(7日이내) ──→ 고소인
　　　　　　　　　　　　고발인 ── 9.10부터 이의신청 제외(검수완박 개정)
소속경찰관서장 ←──　　피해자　　　　　　　　 [2022.5.9.]
　　　　이의신청　　　　법정대리인

수사중지 ────────→ 고소인 등은 이의제기할 수 있다. (to 상급경찰관서장)
　　　검사는 30日內 반환
　　←────────── 7日 이내에 검사에게 사건기록을 송부

---

2 2019.12.31. 통비법 개정 〈현행〉

통신 제한 조치 2개월 기간 연장 제한　＜　총 연장기간 **1년**
　　　　　　　　　　　　　　　　　　국가 안보 관련 문제 **3년**

---

3 2020.03.24. 통비법 개정 〈현행〉§12의2

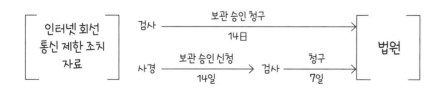

인터넷 회선 통신 제한 조치 자료

검사 ──── 보관 승인 청구 ────→ 법원
　　　　　　　14日

사경 ── 보관 승인 신청 ──→ 검사 ── 청구 ──→
　　　　　14일　　　　　　　　　　7일

"패킷 감청 : 적법 ＋ 보관승인"

PART 02 소송주체와 소송행위

CHAPTER 01 소송의 주체

절차		청구권자	직권
토지관할위반신청		피고인	
관할지정청구		검사(의무)	
관할이전청구		검사(의무), 피고인(권리)	
기피신청		검사, 피고인 또는 변호인	
소송행위의 특별대리인 선임청구	피고인	검사	O
	피의자	검사 또는 이해관계인	
변호인 선임		피고인, 피의자, 법정대리인, 배우자, 직계친족, 형제자매	
대표변호인 지정신청		피고인, 피의자, 변호인	O
소송관계 중의 관계서류 등의 열람·등사		피고인, 변호인, 피고인의 법정대리인, 특별대리인, 보조인, 피고인의 배우자·직계친족·형제자매로서의 위임장 및 신분관계증명서 제출자	

CHAPTER 02 소송행위

절차	청구권자	직권
공판조서 열람·등사청구	변호인, 피고인	
재판서 등·초본의 청구	피고인 기타의 소송관계인	
공판조서 기재의 변경·이의청구	검사, 피고인, 변호인	
공판정에서의 속기·녹음 및 영상녹화의 신청	검사, 피고인, 변호인	O
공판정에서의 속기·녹음 및 영상녹화물의 사본청구	검사, 피고인, 변호인	
재판확정기록의 열람·등사청구	누구든지(권리구제·학술연구·공익목적) – 검사제한 – 준항고 준용	
확정판결서 등의 열람·복사	누구든지 – 법원사무관 등 처분 – 준항고 준용	

CHAPTER 01 **수사**

절차		청구권자	직권
고소·고소취소권자	일반	피해자, 법정대리인	
	피해자 사망	배우자, 직계친족, 형제자매	
	피해자의 법정대리인이 피의자이거나 법정대리인의 친족이 피의자인 경우	피해자의 친족	
	고소취소	고소권자와 동일	
고소권자 지정신청		이해관계인	
고발권자		누구든지 범죄가 있다고 사료되는 자(임의적)	
		공무원(필요적)	
피의자접견 또는 신문참여신청		피의자 또는 그 변호인·법정대리인·배우자·직계친족·형제자매	
피의자진술 영상녹화물의 재생요구		피의자 또는 변호인	
피의자신문 시 특별한 보호를 요하는 자의 신뢰관계 있는 자의 동석신청		피의자, 법정대리인	O
전문수사자문위원의 지정		검사의 직권이나 피의자 또는 변호인	O

CHAPTER 02 **강제처분과 강제수사**

절차	청구권자	직권
체포·구속영장청구	검사	
긴급체포 후 석방된 자의 관련서류 열람·등사	석방된 자 또는 그 변호인·법정대리인·배우자·직계친족·형제자매	
구속기간 연장신청	검사	
체포구속적부심청구	체포 또는 구속된 피의자, 그 변호인·법정대리인·배우자·직계친족·형제자매·가족·동거인 또는 고용주	
보증금납입조건부석방결정에 의한 보증금의 몰수청구	검사	O
체포현장에서 영장 없이 압수한 물건에 대한 압수수색영장청구	검사	
접견교통의 금지청구	검사	O
피고인 구속취소청구	검사, 피고인, 변호인, 변호인선임권자(법정대리인, 배우자, 직계친족, 형제자매)	O
보석청구권자	피고인, 피고인의 변호인·법정대리인·배우자·직계친족·형제자매·가족·동거인 또는 고용주	
보석조건의 변경청구	보석청구권자	O
보석 또는 구속의 집행정지의 취소청구	검사	O
보석취소 시의 보증금몰취청구	검사	O
증거에 공할 압수물의 가환부청구	소유자, 소지자, 보관자 또는 제출인	
수사상의 감정유치청구	검사	

절차	청구권자	직권
공소제기권자	검사	
공소부제기 처분이유고지	고소인 또는 고발인	
피해자 등에 대한 통지	피해자 또는 법정대리인(피해자 사망 시 그 배우자 · 직계친족 · 형제자매)	
재정신청권자	고소권자로서 고소한 자 / 고발한 자	
항고인	고소인 또는 고발인	
재항고인	항고를 한 자 중 재정신청할 수 있는 자는 제외	
재정신청이 기각 또는 취소된 경우 재정신청인에 대한 비용부담의 결정신청	피의자	O

PART 04 공판

CHAPTER 01 **공판절차**

절차	청구권자	직권
증인신문 시 신뢰관계 있는 자의 동석청구	피해자 · 법정대리인 · 검사	O
증거보전청구	검사, 피고인, 피의자 또는 변호인	
증인신문의 청구	검사	
공소제기 후 검사보관 서류 등에 대한 열람 · 등사 또는 서류의 교부신청	피고인 또는 변호인	
검사가 열람 · 등사신청 거부 또는 제한 시에 법원에 대한 허용신청	피고인 또는 변호인	
공판준비기일 지정신청	검사, 피고인 또는 변호인	
공판준비절차 이의신청	검사, 피고인 또는 변호인	
피고인 또는 변호인에 대한 서류 등의 열람 · 등사 또는 서류교부신청	검사(피고인 또는 변호인이 법정에서 현장부재 · 심신상실 또는 심신미약의 주장을 한 경우)	
피고인 또는 변호인 소지 서류 등에 대한 열람 · 등사 허가신청	검사	
공판준비기일의 재개신청	피고인, 변호인	O
공판기일의 변경신청	검사, 피고인, 변호인(단, 공판기일지정은 명령 ∴ 신청 X)	O
공무소 등에 대한 조회	검사, 피고인, 변호인	O
공판기일 전의 증거조사신청	검사, 피고인 또는 변호인	
장애인 등의 신뢰관계자 동석신청	피고인 · 법정대리인 · 검사	O
불출석 허가신청	피고인	
증거조사의 순서변경신청	검사 · 피고인 · 변호인	O
증거신청권자	검사, 피고인 또는 변호인	
고의로 증거를 늦게 신청하여 재판지연 시 각하신청	상대방	O

절차	청구권자	직권
피해자 등의 진술권신청	피해자(피해자 사망 또는 심신에 중대한 장애가 있는 경우 그 배우자·직계친족 및 형제자매), 피해자 본인의 법정대리인 또는 이들로부터 위임을 받은 피해자 본인의 배우자·직계친족·형제자매·변호사	
피해자진술의 비공개 신청	검사, 피고인 또는 변호인	
피해자 등의 공판기록 열람·등사신청	검사	
증거조사 이의신청	피고인 또는 변호인	
공소장변경신청	검사	
공소장 변경 시 공판절차정지청구	피고인 또는 변호인	O
변론분이·병합·재개신청	검사, 피고인 또는 변호인	O
재판정 처분에 대한 이의신청	검사, 피고인 또는 변호인	
배심원 직무수행의 면제	배심원	O
배심원 후보자에 대한 기피신청	검사·피고인·변호인	O
무이유부기피신청	검사, 변호인	
배심원의 해임신청	검사·피고인·변호인	O
배심원의 사임신청	배심원 또는 예비배심원	

CHAPTER 02 증거

CHAPTER 03 재판

절차	청구권자	직권
제3자 소송비용부담의 재판		O
무죄의 확정판결 받은 피고인의 소송비용보상청구	피고인이었던 자	
형의 집행유예 취소청구	검사	
누범, 경합범 관련 형을 다시 정하는 절차	검사	
소송비용의 집행면제신청	소송비용 부담의 재판을 받은 자	

CHAPTER 01 **상소**

절차	청구권자	직권
상소권자	검사, 피고인, 피고인의 법정대리인 · 배우자 · 직계친족 · 형제자매, 원심의 대리인 · 변호인	
상소권 회복청구	귀책사유 없이 상소제기기간에 상소를 하지 못한 자	
상소의 포기 · 취하	검사, 피고인 또는 상소권자	
판결정정신청	검사, 상고인 또는 변호인	O
항고권자	검사 · 피고인 · 변호인, 결정을 받은 자(과태료처분받은 증인 등)	

CHAPTER 02 **비상구제절차**

절차	청구권자	직권
재심청구	검사, 유죄의 선고를 받은 자 또는 그 법정대리인 유죄의 선고를 받은 자가 사망 또는 심신장애 시 그 배우자 · 직계친족 · 형제자매	
비상상고	검찰총장	

CHAPTER 03 **재판의 집행과 형사보상**

절차	청구권자	직권
집행이의신청	형 선고를 받은 자	
집행에 관한 검사의 처분에 대한 이의신청	재판의 집행을 받은 자 또는 그 법정대리인, 배우자	
형사보상청구	무죄 · 면소 또는 공소기각재판을 받은 자 또는 상속인, 기소유예 이외의 불기소처분을 받은 자 또는 상속인	

CHAPTER 04 **특별절차**

절차	청구권자	직권
약식명령청구	검사	
약식명령에 대한 정식재판청구	검사 또는 피고인 / 법 · 배 · 직 · 형 / 원 – 대 · 변	
즉결심판청구	경찰서장	
즉결심판에 대한 정식재판청구	경찰서장, 피고인	

1. **공판조서에의 기명날인, 서명**: 공판조서에는 재판장과 참여한 법원사무관 등이 기명날인 **또는** 서명하여야 한다(제53조 제1항).

2. **접견교통권**: 변호인**이나** 변호인이 되려는 자는 신체가 구속된 피고인 또는 피의자와 접견하고 서류나 물건을 수수(授受)할 수 있으며 의사로 하여금 피고인이나 피의자를 진료하게 할 수 있다(제34조).

3. **구속 전 피의자심문**: 판사는 제1항(체포된 피의자)의 경우에는 즉시, 제2항(체포된 피의자 이외의 피의자)의 경우에는 피의자를 인치한 후 즉시 검사, 피의자 **및** 변호인에게 심문기일과 장소를 통지하여야 한다. 이 경우 검사는 피의자가 체포되어 있는 때에는 심문기일에 피의자를 출석시켜야 한다(제201조의2 제3항).

4. **구속기간과 갱신**: 제1항에도 불구하고 특히 구속을 계속할 필요가 있는 경우에는 심급마다 2개월 단위로 2차에 한하여 결정으로 갱신할 수 있다. 다만, 상소심은 피고인 **또는** 변호인이 신청한 증거의 조사, 상소이유를 보충하는 서면의 제출 등으로 추가 심리가 필요한 부득이한 경우에는 3차에 한하여 갱신할 수 있다(제92조 제2항).

5. **공소장변경허가신청서 부본송달**: 공소장변경허가신청서가 제출된 경우 법원은 그 부본을 피고인 **또는** 변호인에게 즉시 송달하여야 한다(규칙 제142조 제3항).

6. **공판준비기일의 출석**: 공판준비기일에는 검사 **및** 변호인이 출석하여야 한다(제266조의8 제1항).

7. **공판준비기일의 통지**: 법원은 검사, 피고인 **및** 변호인에게 공판준비기일을 통지하여야 한다(제266조의8 제3항).

8. **공판절차의 정지**: 법원은 전3항의 규정에 의한 공소사실 **또는** 적용법조의 추가, 철회 **또는** 변경이 피고인의 불이익을 증가할 염려가 있다고 인정한 때에는 직권 **또는** 피고인**이나** 변호인의 청구에 의하여 피고인으로 하여금 필요한 방어의 준비를 하게 하기 위하여 결정으로 필요한 기간 공판절차를 정지할 수 있다(제298조 제4항).

9. **증거보전청구권**: 검사, 피고인, 피의자 **또는** 변호인은 미리 증거를 보전하지 아니하면 그 증거를 사용하기 곤란한 사정이 있는 때에는 제1회 공판기일 전이라도 판사에게 압수, 수색, 검증, 증인신문 또는 감정을 청구할 수 있다(제184조 제1항).

10. **탄핵증거와 영상녹화물**: 피고인 **또는** 피고인이 아닌 자의 진술을 내용으로 하는 영상녹화물은 공판준비 또는 공판기일에 피고인 또는 피고인이 아닌 자가 진술함에 있어서 기억이 명백하지 아니한 사항에 관하여 기억을 환기시켜야 할 필요가 있다고 인정되는 때에 한하여 피고인 **또는** 피고인이 아닌 자에게 재생하여 시청하게 할 수 있다(제318조의2 제2항).

CHAPTER 04 형사소송법 두문자 정리

CHAPTER 01 형사소송법의 기본개념

제2절 형사소송법의 법원과 적용범위

- 헌법에 규정이 없는 형사절차: 간/증/영/불/기/전/공/위/이/상/최/변/보/구/배/증보신재
  - → 헌법을 못해서 (간이) 아픈 (증인) (영실)이는 (불이익) (기피) (전문)가로서 (공판기일)에 (위수증)에 (이의)가 있다며
    (상소)전 (최후) (변론)에서 (보석) 또는 (구속취소)와 (배상)을 위하여 (증거 3개: 보전/신청권/재판)를 제시했다.

CHAPTER 01 소송의 주체

제2절 법원

- 제척의 원인 → 유형적 · 제한적 열거(제17조): 피/친/법/증/대/검/전 /퇴2/퇴2
  - ㉠ 법관이 **피**해자인 때
  - ㉡ 법관이 피고인 또는 피해자의 **친**족 또는 친족관계에 있었던 자인 때
  - ㉢ 법관이 피고인 또는 피해자의 **법**정대리인, 후견감독인인 때
  - ㉣ 법관이 사건에 관하여 **증**인, 감정인, 피해자의 대리인으로 된 때
  - ㉤ 법관이 사건에 관하여 피고인의 **대**리인, 변호인, 보조인으로 된 때
  - ㉥ 법관이 사건에 관하여 **검**사 또는 사법경찰관의 직무를 행한 때
  - ㉦ 법관이 사건에 관하여 **전**심재판 또는 그 기초되는 조사, 심리에 관여한 때
  - ㉧ 법관이 사건에 관하여 피고인의 변호인이거나 피고인 · 피해자의 대리인인 법무법인, 법무법인(유한), 법무조합,
    법률사무소, 외국법자문사법 제2조 제9호에 따른 합작법무법인에서 **퇴**직한 날부터 **2**년이 지나지 아니한 때
  - ㉨ 법관이 피고인인 법인·기관·단체에서 임원 또는 직원으로 **퇴**직한 날부터 **2**년이 지나지 아니한 때

- 기피신청에서 변호인의 대리권은 독립대리권 중 묵시의 의사에 반하여 할 수 있는 경우를 말함
  : 묵-기/동/상 기피신청, 증거동의, 상소제기

- 기피신청을 받은 법원 · 법관의 처리 중 - 간이기각결정(제20조 제1항), 지/관/사 간이기각
  기피신청이 a. 소송지연 목적이 명백하거나 b.기피신청의 관할을 위배하거나 c. 신청 후 3일 이내에 기피사유를
  소명하지 않을 경우 간이기각결정을 한다.
  [비교] 적부심에서는 동일영장발부에 대한 재청구 or 공범 등의 순차청구가 수사방해 목적이 명백한 때 or 청구권자
  아닌 자의 청구 시 간이기각결정(제214조의2 제3항): 권 · 재 · 순 간이기각

- 사물관할 예외: 단1/제기/다/합결해서 합의부로 간다.

  ① 사형 · 무기 또는 **단기 1년** 이상

  ② 지방법원판사에 대한 **제척 · 기**피사건

  ③ **다**른 법률에 의하여 지방법원합의부에 속하는 사건: 참 · 치 · 보 · 선

    (참여재판 · 치료감호 · 형사보상선거범)

  ④ **합**의부에서 심판할 것으로 합의부가 스스로 **결**정한 사건

- 관련사건 관할 – 관련사건(제11조): 실/공/동 본(범)/범(인은닉)/허(위감정통역번역)/위(증)/(장)물/증(거인멸)

  → 실체적 경합범, 필요적 공범, 동시범, 본범의 죄, 범인은닉죄, 허위감정통역죄, 위증죄, 장물죄

    증거인멸죄: 실은 공동되어 있어, 본범 허위물증이, 다 관련된 거야.

- 관련사건의 병합심리– 토지관할과 사물관할의 기록송부: 토(지관할)치(7일) 신청해서, 사(물관할) 오(5일)거라

- 진술거부권의 내용 피의자신문 시 고지내용(제244조의3 제1항): 거/불/포/변 미란다고지

  1. **일체의 진술을 하지 아니하거나** 개개의 질문에 대하여 진술을 하지 아니할 수 있다는 것

  2. 진술을 하지 아니하더라도 **불**이익을 받지 아니한다는 것

  3. 진술을 거부할 권리를 **포**기하고 행한 진술은 법정에서 유죄의 증거로 사용될 수 있다는 것

  4. 신문을 받을 때에는 **변**호인을 참여하게 하는 등 변호인의 조력을 받을 수 있다는 것

제5절 변호인

- 필요국선과 청구국선

  구/미/7(옛날 미친 놈이) 청/심에서 단3을 사먹고 즉/시 영/적으로 준/재가 되어 참재/치 있는

  보복/장/군이 되었으니(이상 필요국선), 빈곤하면 얘한테 청구해봐(청구국선).

  - 필요국선

    1. 피고인이 **구속**된 때(당해 사건 구속에 한함, 별건구속 X, 2009도579)

    2. 피고인이 **미**성년자인 때

    3. 피고인이 **70**세 이상인 때

    4. 피고인이 **듣**거나 말하는 데 모두 장애가 있는 사람인 때

    5. 피고인이 **심**신장애가 있는 것으로 의심되는 때

    6. 피고인이 사형, 무기 또는 **단기 3년** 이상의 징역이나 금고에 해당하는 사건으로 기소된 때

      (구/미/7/청/심/단3)

  - 청구국선: 법원은 피고인이 **빈곤** 그 밖의 사유로 변호인을 선임할 수 없는 경우에 피고인의 **청구**가 있는 때

- 변호인의 권한: 종 – 관/정/상(종속대리권), 묵 – 기/동/상(묵시적 의사反 O 독립대리권),

  명 – 구/보/송보/증이/공 (명시적 의사反 O 독립 대리권), 변호인 혼자 변/신/교통,

  피고인과 함께 열/참/출/신/최후진술(피고인과 중복하며 가지는 고유권) 하게 된다.

- 대리권

독립대리권 (본인의 의사에 반할 수 있음)	명시한 의사에 반하여 행사 가능	구속취소의 청구(제93조) 보석의 청구(제94조) 증거보전의 청구(제184조) 공판기일변경신청(제270조) 증거조사에 대한 이의신청(제296조)
	묵시적 의사에 반하여 행사 가능	증거동의(제318조)(判, 통설은 종속대리권) 기피신청(제18조) 상소제기(제341조)
종속대리권 (본인의 의사에 반할 수 없음)	본인 의사에 종속하여 행사 가능	관할이전의 신청(제15조) 관할위반의 신청(제320조) 상소취하(제349조) 정식재판청구취하(제458조)

- 고유권

변호인만 갖는 고유권	접견교통권(제34조) 상고심변론권(제387조) 피고인신문권(제296조의2)
피고인과 중복하여 갖는 고유권	서류 · 증거물의 열람 · 등사권(제35조) 영장집행참여권(제121조등) 증인신문권, 증인신문참여권(제161조의2) 공판기일 출석권(제276조) 증거신청권(제294조) 최종의견진술권(제303조)

CHAPTER 02 소송행위

제2절 소송행위의 일반적 요소

- 소송서류의 송달: 교/우/공

  ① **교**부송달(송달영수인/구속피고인/보충/유치) / ② **우**편송달(도달) / ③ **공**시송달(2주-5일)

- 병행주의: 병행 고/기/국/기/변론/공/증조/취

  ① 고: 고소 · 고발

  ② 기: 기피신청

  ③ 국: 국선변호인 선정청구

  ④ 기: 공판기일 변경신청

  ⑤ 변론: 변론의 병합 · 분리 · 재개신청

  ⑥ 공: 공소장변경신청(& 공판절차정지신청)

  ⑦ 증조: 증거조사신청(& 이의신청)

  ⑧ 취: 취소 · 포기 · 취하(단, 재정신청취소는 서면)

제4절 소송조건

- 소송조건의 흠결의 경합: 공/관/면/실

  공소기각결정 > 공소기각판결 > 관할위반판결 > 면소판결 > 실체재판

PART 03 수사와 공소

CHAPTER 01 수사

제1절 수사의 의의, 구조 및 수사기관

- 사경의 위법·부당 수사에 대한 검사의 시정조치요구: 법/인/남

  ① **법**령위반

  ② **인**권침해

  ③ 현저한 수사권 **남**용

- 검사의 **동일성** 범위 내 수사: 시/체/청-동일성

  ① **시**정조치 미이행으로 송치

  ② 위법**체**포구속으로 송치

  ③ 불송치 고소인등 이의신**청**으로 송치

제2절 수사의 개시

불심검문 대상

- 거동불심자: 하/려/안

  ① 어떠한 죄를 범하였다고 의심할만한 상당한 이유가 있는 자

  ② 어떠한 죄를 범하**려**고 하고 있다고 의심할 만한 이유가 있는 자

  ③ 이미 행하여진 범죄나 행하여지려고 하는 범죄행위에 관하여 그 사실을 **안**다고 인정되는 자를 말한다

  　(경직 제3조 제1항).

제3절 임의수사

- 피의자신문 진술거부권 고지내용(제1항): 거/불/포/변 미란다고지 (+ 검사에 대한 구제신청권)

CHAPTER 02 강제처분과 강제수사

제1절 체포와 구속

- 체포영장의 집행 시 미란다원칙 고지의무: 사/이/변/기 (+ 진술거부권 고지, 수사협력32조)

  ⓐ 피의**사**실의 요지

  ⓑ 체포의 **이**유와

  ⓒ **변**호인을 선임할 수 있음을 말하고

  ⓓ 변명할 **기**회를 준 후가 아니면 피의자를 체포할 수 없다.

- 준현행범인: 준/불/장/신/묻(준호가 장에서 신물이 났다)
  - ⓐ 범인으로 **불**리며 추적되고 있을 때
  - ⓑ **장**물이나 범죄에 사용되었다고 인정하기에 충분한 흉기나 그 밖의 물건을 소지하고 있을 때
  - ⓒ **신**체 또는 의복류에 증거가 될 만한 뚜렷한 흔적이 있을 때
  - ⓓ 누구냐고 **묻**자 도망하려고 할 때

- 구속사유 심사 시 고려사항: 중/재/해는 구속 시 고려해라
  07년 개정법에서는 "법원은 제1항의 구속사유를 심사함에 있어서 범죄의 중대성, 재범의 위험성, 피해자 및 중요 참고인 등에 대한 위해우려 등을 고려하여야 한다."는 조항을 신설하였다(제70조 제2항).

- 피의자 구속과 피고인 구속 시 고려사항
  피의자 구속 시 고지사항: 사/이/변/기
  피고인 구속 시 고지사항: ① 사전청문: 사/이/변/기 ② 사후청문: 사/변 – 단, 거치지 않아도 위법 X (둘 다)

- 피의자에 대한 구속기간의 제외기간: 정/영/적/도/감은 빼자
  - ㉠ 구속집행**정**지기간
  - ㉡ **영**장실질심사에서 관계서류와 증거물의 법원접수일로부터 검찰청에 반환한 날까지의 기간
  - ㉢ 체포구속**적**부심사에 있어서 법원이 관계서류와 증거물을 접수한 날로부터 결정 후 검찰청에 반환된 때까지의 기간
  - ㉣ 피의자가 **도**망한 기간
  - ㉤ 피의자 **감**정유치기간

- 피고인에 대한 구속기간의 제외기간: 심/헌/기 공/보/구/ 도/피/감
  공소제기 전 체포, 구인, 구금기간(피의자로서의 구속기간), **보**석기간, **구**속집행정지기간, **기**피신청(제22조), **공**소장변경 (제298조 제4항), **심**신상실과 질병(제306조 제1항, 제2항)에 의하여 공판절차가 정지된 기간(제92조 제3항), 법원의 위**헌**법률심판제청에 의한 재판정지기간(헌법재판소법 제42조 제1항), 피고인이 **도**망간 기간, **피**고인 **감**정유치기간(제172조의2 제1항)

- 체포·구속적부심사청구권자: 피/변/법/배/직/형/가/동/고: 보석청구권자도 동일
  체포·구속된 **피**의자, 피의자의 **변**호인, **법**정대리인, **배**우자, **직**계친족, **형**제자매, **가**족, **동**거인, **고**용주: 청구권이 있다(제214조의2 제1항)(= 보석≠변호인선임대리권자≠상소권자).

- 적부심절차: 48h 내 심문 + 24h 내 결정

- 필요적 보석의 제외사유: 장10/누상/증/도/주/해: 보석해야 하는 건 아니야
  ① 피고인이 사형, 무기 또는 **장기 10년**이 넘는 징역 또는 금고에 해당하는 죄를 범한 때
  ② 피고인이 **누**범에 해당하거나 **상**습범인 죄를 범한 때
  ③ 피고인이 죄**증**을 인멸하거나 인멸할 염려가 있다고 믿을 만한 충분한 이유가 있는 때
  ④ 피고인이 **도**망하거나 도망할 염려가 있다고 믿을 만한 충분한 이유가 있는 때
  ⑤ 피고인의 **주**거가 분명하지 아니한 때
  ⑥ 피고인이 피해자, 당해 사건의 재판에 필요한 사실을 알고 있다고 인정되는 자 또는 그 친족의 생명·신체나 재산에 **해**를 가하거나 가할 염려가 있다고 믿을만한 충분한 이유가 있는 때

- 보석절차: 지없-지없-7-항 · 항-항-7

  ① 보석청구 → **지체없이** 기일지정 · 통지 · 심문 → ② 검사의 의견(**지체없이**: 다음날까지) → ③ 법원의 결정(청구 후 **7**일 내) → ④ 기각결정: 보통**항**고 – 허가결정: 보통**항**고 → ⑤ 보석취소결정: 보통**항**고 – 보증금몰취 → ⑥ 보증금환부(**7**일 내)

- 검사의 의견의 필요적 청취: 집/보/구/간/개(보석/취/개/간/집)

  ① 구속**집**행정지, ② **보**석, ③ **구**속취소, ④ **간**이공판절차취소, ⑤ 증거**개**시

- 보석의 청구권자: 피/변/법/배/직/형/가/동/고: 체포 · 구속적부심청구권자도 동일

  피고인, 피고인의 **변**호인, **법**정대리인, **배**우자, **직**계친족, **형**제자매, **가**족, **동**거인 또는 **고**용주이다(제94조).

- 보석조건의 결정: 서/약/3/피/보는 선이행(서류 · 돈은 먼저 내), 도/해/출/기는 후이행(선이행으로 변경 可)

  1. 법원이 지정하는 일시 · 장소에 출석하고 증거를 인멸하지 아니하겠다는 **서**약서를 제출할 것: 선이행 후석방

  2. 법원이 정하는 보증금에 해당하는 금액을 납입할 것을 약속하는 **약**정서를 제출할 것: 선이행 후석방

  3. 법원이 지정하는 장소로 주거를 제한하고 주거를 변경할 필요가 있는 경우에는 법원의 허가를 받는 등 **도**주를 방지하기 위하여 행하는 조치를 받아들일 것: 선석방 후이행

  4. 피해자, 당해 사건의 재판에 필요한 사실을 알고 있다고 인정되는 사람 또는 그 친족의 생명 · 신체 · 재산에 **해**를 가하는 행위를 하지 아니하고 주거 · 직장 등 그 주변에 접근하지 아니할 것: 선석방 후이행

  5. 피고인 아닌 자(제3자)가 작성한 출석보증서를 제출할 것: 선이행 후석방

  6. 법원의 허가 없이 외국으로 **출**국하지 아니할 것을 서약할 것: 선석방 후이행

  7. 법원이 지정하는 방법으로 **피**해자의 권리 회복에 필요한 금전을 공탁하거나 그에 상당하는 담보를 제공할 것: 선이행 후석방

  8. 피고인이나 법원이 지정하는 자가 **보**증금을 납입하거나 담보를 제공할 것: 선이행 후석방, 이 조건은 보석취소 시에도 보석이 자동실효되지 않음

  9. 그 밖에(기타) 피고인의 출석을 보증하기 위하여 법원이 정하는 적당한 조건을 이행할 것: 선석방 후이행

- 보석조건 결정 시 고려사항: 보석조건을 정할 때에는 성/죄/증명성/전/환/자/정황을 고려하라.

  a. 범죄의 **성**질 및 **죄**상, b. 증거의 **증명**력(증거능력 X), c. 피고인의 **전**과 · **성**격 · **환**경 및 **자**산(경력 X), d. 피해자에 대한 배상 등 범행 후의 **정황**에 관련된 사항(07년 개정)을 고려하여야 한다(제99조 제1항).

- 피의자 보석의 재구속 · 보석취소 · 구속집행정지취소사유 비교

  - 피의자보석의 재구속사유: 도/염/출/조

  - 보석취소사유: 도/염/출/보/조

    ⑨ **도**망한 때, ⑥ 도망하거나 죄증을 인멸할 **염**려가 있다고 믿을 만한 충분한 이유가 있는 때, ⑥ 소환을 받고 정당한 이유 없이 **출**석하지 아니한 때, ⑧ 피해자, 당해 사건의 재판에 필요한 사실을 알고 있다고 인정되는 자 또는 그 친족의 생명 · 신체 · 재산에 해를 가하거나 가할 염려가 있다고 믿을 만한 충분한 이유가 있는 때(**보**복의 위험), ⑩ 법원이 정한 **조**건을 위반한 때

  - 구속집행정지취소사유: 도/염/출/보/조

- 구속취소권자 · 청구권자: 직/검/피/변/법배직형

제2절 압수 · 수색 · 검증 · 감정

- 형법상 업무상 비밀누설죄(제317조)의 주체: 의/한/치/약/약/조/변/변/공/공/대/보(조자:간호사 등)/ 차(등의직에 있던 자)/종/종, 형소법상 압수거부권자(제112조) = 증언거부권자(제149조): 변/변/공/공/세(무사)/대/의/한/치/ 약/약/조/간(호사)/종/전(직)

  ∴ 형법과 형소법의 차이: 세무사 ※ 감정인 · 교사 · 법무사 · 관세사 · 건축사 · 공인중개사 X

- 포기가 인정되지 않는 권리: 고/환/약/진/상이라 포기가 안돼

  고소권, 압수물환부청구권, 약식명령에 대한 정식재판청구권(피고인), 진술거부권, 상소권(사 · 무 X)

- 검증영장 집행 시 필요한 처분: 신/사/분/물/기는 검증해

  검증을 함에는 신체의 검사, 사체의 해부, 분묘의 발굴, 물건의 파괴, 기타 필요한 처분을 할 수 있다(제219조, 제140조).

- 감정에 필요한 처분: 주/신/사/분/물

  타인의 주거, 간수자 있는 가옥, 항공기, 선차 내에 들어갈 수 있고, 신체의 검사, 사체의 해부, 분묘의 발굴, 물건의 파괴를 할 수 있다(제173조 제1항).

제3절 수사상의 증거보전

- 서면으로 그 사유를 소명해야 하는 것: 기/정/상/증보거인

  ① **기**피신청, ② **증**거보전, ③ 수사상 **증**인신문청구, ④ **정**식재판청구, ⑤ **증**인거부권, ⑥ **상**소권회복

CHAPTER 03 **수사의 종결**

제1절 사법경찰관과 검사의 수사종결

- [위법·부당 수사] 7-30+10-지없-7: 사경 사건기록등본 송부 7 – 검사 시정조치요구 **30+10** – 사경 시정조치 **지없** – (미이행 시) 사경 사건송치 7

- [사경 불송치·수사중지 이의] 불-소/중-상: **불**송치 이의신청 – **소**속 경찰관서 장, 수사**중**지 이의제기 – **상**급 경찰관서 장

- 수사종결처분 통지 시한: 고고공불취타 – 7/고고불이유청 – 7/피불타 – 즉/ 피해자 – 공공구-신청

고소인 · 고발인	공소제기 · 불기소 · 공소취소 · 타관송치	7일 이내
	불기소처분 · 이유 · 신청	
피의자(고서 · 고발 불문)	불기소 · 타관송치	즉시
피해자(신청 **要**)	공소제기여부, 공판일시 · 장소, 재판결과, 피의자 · 피고인의 구속 · 석방 등	신속하게

CHAPTER 04 **공소의 제기**

제2절 공소제기의 기본원칙

- 다른 중요증거 발견한 경우: 다중이 구/기/재

  ① 피의자구속-석방-재**구**속요건, ② 공소취소-재**기**소요건, ③ **재**정신청기각결정-기소

- 검찰항고전치주의: 재(기수사)/3(개월)/시(효만료 30일 전) 검찰항고 불요

- 재정신청절차: (7-30-)10-7-10-3월

제5절 공소시효

- 공소시효기간: 사25/무15/5-10/1-3-5/5-7-10/벌5/몰1
- 공소시효정지사유: 공/피/재/헌/대/보

[형사소송법상의 정지사유]

① **공**소제기

② 범인의 국외도**피**

③ **재**정신청

[특별법상의 정지사유]

① 소년**보**호사건의 심리개시결정

② **헌**정질서파괴범에 관한 특칙

③ **대**통령의 불소추특권과 공소시효정지

④ 가정**보**호사건 · 성매매사건 등의 송치

PART 04 공판

CHAPTER 01 공판절차

제3절 공판의 준비

- 공판준비절차 종결의 효과 예외: 실권 - 부/지/직

㉠ 증거신청이 가능한 경우: 공판준비기일에서 신청하지 못한 증거이지만, ⓑ 그 신청으로 인하여 소송을 현저히 **지**연시키지 아니하거나 ⓐ 중대한 과실 없이 공판준비기일에 제출하지 못하는 등 **부**득이한 사유를 소명한 때에는 예외적으로 공판기일에 증거로 신청할 수 있다(제266조의13 제1항).

㉡ 직권: 실권효의 제재에도 불구하고 법원은 **직**권으로 증거를 조사할 수 있다(동단서). 실체진실의 발견을 위하여 법원에게는 직권조사의 의무까지 인정된다.

제4절 증거개시

- 공소제기 후 검사가 보관하고 있는 서류 등에 대한 열람 · 등사권 대상: 거/인/명/주를 보여줘

㉠ 검사가 증**거**로 신청할 서류 등

㉡ 검사가 증**인**으로 신청할 사람의 성명 · 사건과의 관계 등을 기재한 서면 또는 그 사람이 공판기일 전에 행한 진술을 기재한 서류 등

㉢ 위 ㉠, ㉡의 서면 또는 서류 등의 증**명**력(증거능력 X)과 관련된 서류 등

㉣ 피고인 또는 변호인이 행한 법률상 · 사실상 **주**장과 관련된 서류 등

- 공소제기 후 검사가 보관하고 있는 서류 등에 대한 열람 · 등사권 제한:

국/보/염/장은 안 보여줘도 돼. 다만 목록은 알려줘.

ⓐ 열람 · 등사 · 서면교부의 거부: 검사는 **국**가안보, 증인**보**호의 필요성, 증거인멸의 **염**려, 관련 사건의 수사에 **장**애를 가져올 것으로 예상되는 구체적인 사유 등 열람 · 등사 또는 서면의 교부를 허용하지 아니할 상당한 이유가 있다고 인정하는 때에는 열람 · 등사 또는 서면의 교부를 거부하거나 그 범위를 제한할 수 있다(제266조의3 제2항). 열람 · 등사의 범위를 제한하는 것뿐만 아니라 거부도 가능하다.

ⓑ 목록에 대한 열람 · 등사 거부 금지: 검사는 서류 등의 **목록**에 대하여는 열람 · 등사를 거부할 수 없다(동 제5항).

제5절 공판정의 심리

- 피고인의 불출석재판: 의법/경유/퇴/불/약/상
  ⓐ 의사무능력자 – 법정대리인/특별대리인 법인 – 대표자/특별대리인, 대리인
  ⓑ **경미사건**: 500즉결 유리한 사건: 공면, 의질-무면공면
  ⓒ 퇴정/퇴정명령/일시퇴정
  ⓓ **불출석**: 구속피고인, 소재불명, 항소심/약식정식 2회연속불출석
  ⓔ **약식/상고심**: 약식-정재-불변금, 상고심, 치료감호

제7절 증인신문 · 감정과 검증

- 교호신문의 주신문에서 유도신문의 예외: **준비**가 **명백**하면 **적의** 진술이 **상반**되는 **특별**한 사정이 생긴다. 유도신문해도 돼.

제8절 공판절차의 특칙

- 소송절차의 정지: 심/헌/기/공/관/재
  ⓐ **심**신상실과 질병: 검 · 변 의견, 필요적 정지 – 예외: 경미 · 유괴사건
  ⓑ **공**소장변경: 불이익 증가, 직권 · 피변청구, 임의적 정지
  ⓒ **기**피신청: 간이기각 · 급속은 예외
  ⓓ **관**할의 병합심리신청 등: 급속은 예외
  ⓔ **재**심청구의 경합
  ⓕ 위**헌**법률심판의 제청

- 공판절차의 갱신 사유: 경질/간이/심신/배심(간이 경질되면 심신이 배신(배심)하니, 다시 해라)
  ① 판사의 **경질**
  ② **간이**공판절차의 취소
  ③ **심신**상실로 인한 공판절차의 정지
  ④ 국민참여재판의 **배심**원 변경

- 배심원 결격사유: 한/복/실5/유2/선유/자정(한복실오하는 유2와 선유는 배심원 안되니 잠이나 자정?)
  ⓐ 피성년후견인 또는 피**한**정후견인
  ⓑ 파산자로서 **복**권되지 아니한 사람
  ⓒ 금고 이상의 **실**형을 선고받고 그 집행이 종료(종료된 것으로 보는 경우를 포함한다)되거나 집행이 면제된 후 **5년**을 경과하지 아니한 사람

ⓐ 금고 이상의 형의 집행유예를 선고받고 그 기간이 완료된 날부터 2년을 경과하지 아니한 사람

ⓜ 금고 이상의 형의 **선고유예**를 받고 그 선고유예기간 중에 있는 사람

ⓗ 법원의 판결에 의하여 **자**격이 상실 또는 **정**지된 사람

- 배심원 면제사유: 70세/5년/금/체/해/중병(70세에서 5년 금방 지나면 체해도 중병이니 배심원에서 면제해)

ⓖ 만 **70세** 이상인 사람

ⓛ 과거 **5년** 이내에 배심원후보자로서 선정기일에 출석한 사람[경찰12 3차]

ⓒ **금**고 이상의 형에 해당하는 죄로 기소되어 사건이 종결되지 아니한 사람

ⓔ 법령에 따라 **체**포 또는 구금되어 있는 사람

ⓜ 배심원 직무의 수행이 자신이나 제3자에게 위**해**를 초래하거나 직업상 회복할 수 없는 손해를 입게 될
우려가 있는 사람

ⓗ **중병** · 상해 또는 장애로 인하여 법원에 출석하기 곤란한 사람

ⓢ 그 밖의 부득이한 사유로 배심원 직무를 수행하기 어려운 사람

CHAPTER 02 증거

제2절 증명의 기본원칙

- 통설은 엄격한 증명의 대상으로 보지만, 판례는 자유로운 증명의 대상으로 보는 것:

＊명/심/몰에서는 자유롭게 쇼핑해

① **명**예훼손죄의 위법성조각사유인 사실의 증명, ② **심**신상실 · 심신미약,

③ **몰**수 · 추징대상 여부 및 추징액의 인정

제5절 전문법칙

- 검사 작성 피신조서 증거능력 인정요건(제312조 제1항): 적/내(= 312조 제3항)

검사가 피고인이 된 피의자의 진술을 기재한 조서는 ① **적**법성, ② **내**용인정

- 진술조서 증거능력 인정요건: 적/실/반/특

검사 또는 사법경찰관이 피고인이 아닌 자의 진술을 기재한 조서는

① **적**법성, ② **실**질적 진정성립, ③ **반**대신문의 기회보장, ④ **특**신상태

- 수사과정 외 사인 진술서 증거능력 인정요건: 피고인 – 자/성/특, 피고인이 아닌자 – 자/성/반

- 제314조의 증거능력 인정요건: 필/특

CHAPTER 03 재판

제2절 종국재판

- 유죄판결에 명시할 이유(제323조): 사/요/법/주

① 범죄**사**실: 구/(위 · 책 X)/처/형, ② 증거**요**지: 증거재판주의, ③ **법**령적용: 일부 미기재는 적법,

④ 범죄성립조각사유(위 · 책) 및 형벌가중 · (필요적)감면사유의 진술: 진술(**주**장) 시

- 공소기각결정의 사유(제328조 제1항): 공/사/관/포

  ① **공**소가 취소되었을 때(1호)

  ② 피고인이 **사**망하거나 피고인인 법인이 존속하지 아니하게 되었을 때(2호)

  ③ **관**할의 경합(제12조 · 제13조)으로 인하여 재판할 수 없는 때(3호)

  ④ 공소장에 기재된 사실이 진실하다 하더라도 범죄가 될 만한 사실이 **포**함되지 아니하는 때(4호)

- 공소기각판결의 사유(제327조): 재/법/이/재/취/처

  ① 피고인에 대하여 **재**판권이 없을 때(재판권의 부존재, 1호)

  ② 공소제기의 절차가 **법**률의 규정을 위반하여 무효일 때(공소제기절차의 무효, 2호)

  ③ 공소가 제기된 사건에 대하여 다시 공소가 제기되었을 때(**이**중기소, 3호)

  ④ 제329조를 위반하여 공소가 제기되었을 때(**재**기소제한 위반, 4호)

  ⑤ 고소가 있어야 공소를 제기할 수 있는 사건에서 고소가 **취**소되었을 때(친고죄의 고소취소, 5호)

  ⑥ 피해자의 명시한 의사에 반하여 공소를 제기할 수 없는 사건에서 처벌을 원하지 아니하는 의사표시를 하거나
    처벌을 원하는 의사표시를 철회하였을 때(반의사불벌죄의 **처**벌불원의사표시, 6호)

- 면소판결 사유(제326조): 확/사/시/폐

  ① **확**정판결이 있은 때(1호)

  ② **사**면이 있은 때(2호)

  ③ 공소**시**효가 완성되었을 때(3호)

  ④ 범죄 후의 법령개폐로 형이 **폐**지되었을 때(4호)

PART 05 상소 · 비상구제절차 · 특별절차

CHAPTER 01 상소

제1절 상소 일반

- 재소자특칙(재정신청 X): 재/약/참 상 - 제 · 포 · 회 · 이

  ① **상**소제기(제344조 제1항) ② 상소**포**기 · 취하(제355조) ③ 상소권**회**복청구(제355조)

  ④ 상소**이**유서제출(제361조의3) ⑤ **재**심청구(제430조) ⑥ **약**식-정식재판청구(제458조)

  ⑦ 국**참**-피고인의사확인서면 제출

제2절 항소

- 절대적 항소이유: 공/판(판사-4 · 7 · 8)/이/관/폐/양/재

  판결 후 형의 **폐**지 · 변경 · 사면(2호), **관**할위반(3호), **법원**구성의 법률 위반(4호), 제척 · 기피 · 회피 **판사**의
  심판관여(7호), 미심리**판사**의 판결관여(8호), **공개**규정 위반(9호), **이유**불비 · 이유모순(11호), **재심**청구사유(13호),
  양형부당(15호) → **절대**(상대적 항소이유: 1호의 **법령** 위반, 14호의 **사실**오인: **상대** - 법/사)

- 절대적 상고이유: 폐/양(양형이 심히 부당)/재

- 상대적 상고이유: 법/사(중대한 사실오인)

- 항소기각의 결정: 법·권 – 항·기·결(항소제기 부적법, 항소이유서 미제출)

- 항소심절차: 7 – 14 – 즉 – 20 – 즉 – 10 – 즉

제4절 항고

- 즉시항고 허용규정: 집/공/기/참/정/상/선/비/재/재/구/감
  ① **기**피신청기각결정(제23조)
  ② **구**속취소결정(제97조)
  ③ **재**정신청기각결정(제262조 제4항)
  ④ 국민**참**여재판 배제결정(국참 제9조)
  ⑤ **비**용·과태료·감치·배상 관련
  ⑥ **공**소기각결정(제328조 제2항)
  ⑦ **집**행유예취소결정(제335조 제3항)
  ⑧ **선**고유예실효결정(제335조 제4항)
  ⑨ **상**소절차 관련(기/속/회)
  ⑩ 약식명령·즉결심판에 대한 **정**식재판청구기각결정(제455조, 즉심 제14조)
  ⑪ **재**판서·재판집행 관련(경/해/집)
  ⑫ **재**심청구기각결정 및 재심개시결정(제437조)
  ⑬ **기타**: 형의 소멸신청 각하결정(제337조)

- 판결 전 소송절차에 관한 결정 중 보통항고가 허용되는 경우: 압/구/보/감
  구금, **보**석, **압**수나 압수물의 환부에 관한 결정 또는 **감**정하기 위한 피고인의 유치에 관한 결정에 대하여는
  보통항고를 할 수 있다(제403조 제2항).

- 법관(재판장·수명법관)의 재판 중 준항고의 대상: 압/구/보/감/비/과/기
  재판장 또는 수명법관이 ㉠ **기피**신청을 기각한 재판, ㉡ **구**금·**보**석·**압**수 또는 압수물환부에 관한 재판,
  ㉢ **감**정하기 위하여 피고인의 유치를 명한 재판, ㉣ 증인·감정인·통역인·번역인에 대하여 **과**태료 또는 **비**용의
  배상을 명한 재판을 고지한 경우이다(제416조 제1항).

- 수사기관(검사·사경관)의 처분 중 준항고의 대상: 압/구/변
  검사 또는 사법경찰관의 **구**금, **압**수 또는 압수물의 환부에 관한 처분과 **변호**인의 참여 등에 관한
  처분(제243조의2)이다(제417조). 다만, 검사가 법원의 재판에 대한 집행지휘자로서 움직이다가 한 조처는
  여기에 포함되지 아니한다('74모28).

CHAPTER 02 비상구제절차

제1절 재심

- 공판절차정지: 심/헌/기/공/관/재(심청구경합)

- 허위증거에 의한 재심사유: 증/증/무/재/저/직
  ① **증**거위조·변조

② 위**증** · 허위감정 등

③ **무**고

④ **재**판변경

⑤ **저**작권 등 무체재산권무효

⑥ 법관 · 검사 · 사법경찰관 **직**무범죄

- 신증거 재심사유

① 법원 · 피고인(과실 X)에 대한 신증거

② 명백 = 총합평가 + 재평가(고도의 개연성)

③ 무/면/경/면(면제는 필요적 면제) "유죄를 선고받은 자에 대하여 무죄 또는 면소를, 형의 선고를 받은 자에 대하여 형의 면제 또는 원판결이 인정한 죄보다 가벼운 죄를 인정할 명백한 증거가 새로 발견된 때"(제420조 제5호)를 말한다.

CHAPTER 04 **특별절차**

- 약식절차: 벌/과/몰, 14일+7일

- 즉결심판절차: 20만 원 이하 벌/구/과, 즉시 + 7일

	수사	공소제기	공판	상소/특별절차
지체x/ 즉시	사법경찰관의 시정조치(수사협력45조) 구속통지(88조) 보석 전 검사의견(97조) 긴급체포시 검사의 승인(200조의3) 긴급체포서 작성(200조의3) 긴급체포 후 구속영장신청(200조의4) 현행범 체포 후 석방(200조의4) 구속전피의자심문 기일·장소 통지(201조의2) 체포현장에서 압수·수색· 검증청구(216조) 증인신문 서류 판사송부(221조의2) 피의자 진술 영상녹화 후 봉인(244조의2) 피의자 통지(불/타) (258조) 재정결정 후 담당검사 지정(262조)		기피당한 법관의 의견서 제출(20조) 증거개시 제한 후 통지 (266조의3)	상소 접수통지(361조의2) 즉결심판 정식재판청구서 를 경찰서장은 판사에게 송부(즉심법14조)
1	국선변호인 효력(1인 이상) 규칙15조 구속전 피의자심문(다음 날) 201조의2 고소취소기간(1심판결 선고 전)232조 참여변호인 지정(1인) 243조의2 전문수사자문위원 수(1인 이상)245조의3	고소취소기간(1심판결 선고 전)232조 장5↓ 자격정지·구류· 과료·몰수 공소시효(1년) 249조 공소취소기간(1심판결 선고 전)255조	국선변호인 수(1인)규칙 15조 전문심리위원 수(1인 이상) 279조의4 합의부 관할 (사·무·단1↑)법조법32조	항소장 제출(1심 법원에) 359조 약식명령 후 정식재판청구 취하(1심 판결 선고 전) 454조
2	수사목적 통신제한조치 (2월)통비법6조 법원의 구속기간(2개월, 심급마다 2차 연장-필요 하면 3차○)92조		최초의 공시송달기간(2주) 64조 검사의 출석 없이 개정(2회) 278조 배심원 결격사유(집행 유예 선고기간 완료 후 ~ 2년 미경과)국참법17조	소년범 장기2↑ 유기형 (상대적 정기형)소년법 60조

	수사	공소제기	공판	상소/특별절차
3	증거보전 기각결정 항고(3일 이내)184조 긴급체포요건(사·무·장3↑)200조의3 고소·고발인 사건처리(3월 이내)257조 재정신청 필수적 항고 예외(항고에 대한 불처분 3개월 경과)260조 재정결정 처리기간(3월 이내)262조	장5↑ 자격정지 공소시효(3년)249조	기피신청 후 사유소명(3일 이내)19조 대표변호인 수(3인)32조의2 국선변호인 선정사유(사·무·단3↑)33조 무죄판결시 소송비용보상 청구(무죄확정 안 날~3년)제194조의3 피고인 불출석(장기3↓ 징역·금고→불출석 허가)277조	의견서 첨부 항고법원 송부(3일 이내)408조 형사보상(재판이 확정된 사실 안 날~3년)형보법8조
4	국가안보 목적 통신제한 조치(4월)통비법7조			
5		장5↓ 징역·금고 공소시효(5년)249조 장10↑ 자격정지·벌금 공소시효(5년)249조 배심원 면제사유(5년 이내 배심원후보자 선정)국참법20조 배심원 결격사유(실형선고 후 집행종료/면제~5년 미경과)형참법17조	사물관할 소송서류 송부(5일)규칙 4조 2회 이후 공시송달(5일)64조 무죄판결시 소송비용보상 청구(무죄확정~5년)제194조의3 공소장 부본 송달(5일)266조 제1공판기일 유예기간(5일 이상)269조 예비배심원 수(5인 이내)국참법14조	항소심 당사자 통지(5일)411조 법무부장관 사형집행 명한 때(5일 이내)466조 즉심 유치명령(5일)즉심법17조 형사보상(재판이 확정된 때~5년)형보법8조
6	임의동행(6시간 초과 경찰서 유치x)경직법3조 친고죄 고소기간(안 날로부터 6월)230조			사형집행의 명령(6월 이내)465조
7	시정조치 검토 위한 검사의 사건기록등본 송부요구에 대한 사경 사건기록등본 송부(7일 이내)수사협력45조 사경 검사에 대한 사건송치(7일 이내)수사협력45조 통신제한조치자료 사경 신청 후 검사의 법원에 대한 보관승인청구(7일 이내)통비법12조의2 보석청구 후 법원의 결정(7일 이내)규칙55조 영장유효기간(7일)규칙178조	장10↓ 징역·금고 공소시효(7년)249조 공소취소 통지(7일 이내)258조	토지관할 소송서류 송부(7일 이내)규칙 3조 증인이 다시 불출석→감치(7일 이내)151조 피고인 의견서 제출(7일 이내)266조의2 참여재판 서면 제출기간(7일 이내)국참법8조 기타 사건의 배심원 수(7인)국참법13조	항소 제기기간(7일)358조 상고 제기기간(7일)374조 약식명령 정식재판청구(7일 이내)451조 즉결심판 정식재판청구(7일 이내)즉심법14조 즉결심판 정식재판청구 후 서류 경찰서장 송부(7일 이내)즉심법14조

	수사	공소제기	공판	상소/특별절차
7	보증금 환부(7일 이내) 104조 사경 사건불송치 고소인등 통지(7일 이내)245조의6 고소·고발인(공/불/취/타) 통지(7일 이내)258조 고소·고발인 불기소이유 고지(7일 이내)259조 재정신청 관계서류 고등법원 송부(7일 이내)261조 즉시항고 기간(7일)405조			
9			사형, 무기 사건의 배심원 수(9인)국참법13조	
10	보석제외사유(사/무/장 10↑ 징역·금고)95조 사법경찰관·검사의 구속기간(10일 이내) 202조, 203조 검사의 구속기간 연장 (1차 10일 이내)205조 재정신청기간(10일 이내) 260조 재정신청서 접수 후 피의자 통지(10일)262조	장10↑ 징역·금고 공소 시효 (10년)249조	소재불명으로 불출석(사/무/장10↑ 징역·금고×) 소촉법23조	답변서 제출기간(10일 이내)361조의3, 379조 상고이유(사/무/장10↑ 징역·금고)383조 판결정정 신청기간(10일 이내)400조
12	긴급체포시 사경의 검사에 대한 승인요청(12시간 내) 수사협력27조			
13			피해자 신뢰관계인 필요적 동석(13세 미만)163조의2	
14	검사의 법원에 대한 통신제한조치자료 보관승인 청구(14일 이내) 통비법12조의2 사경의 검사에 대한 통신제한조치자료 보관승인 신청(14일 이내) 통비법12조의2		다음 공판기일지정(14일 이내)267조의2 즉일선고의 예외(14일 이내)318조의4	소송기록·증거물 송부(14일 이내)361조, 377조 약식명령 심리기간(14일 이내)소촉법22조
15		무기징역·금고 공소시효 (15년)249조		
16			선서무능력자(16세 미만↓) 159조	
18				소년의 사형 및 무기형 완화 (18세 미만↓)소년법59조 소년의 환형 처분금지 (18세 미만↓)소년법62조

	수사	공소제기	공판	상소/특별절차
20	피고인 보석조건 위반시 감치기간(20일 이내)102조		배심원 자격(만 20세 이상)국참법16조 법정소란 후 제재(20일 감치)법조법 61조	항소이유서 제출(20일 이내)361조의3 상고이유서 제출(20일 이내)379조 즉심대상(20만원↓ 벌금·구류·과료)즉심법2조
24	피의자 체포 후 통지의무(지체없이: 24시간 이내)규칙51조 긴급체포된 자에 대한 압수·수색(체포시부터 24시간)217조		증인소환장 송달(출석일시 24시간 이전)규칙 70조 구인 후의 석방 유치(24시간)71조의2	
25		사형 공소시효(25년)249조 의제 공소시효(25년)249조		
30	검사의 시정조치요구(30일 이내-10일 연장)수사협력45조 통신제한조치 후 검사의 통지·통지유예(30일 이내)통비법9조의2 검사의 석방 후 법원에 대한 통지(30일 이내)200조의4 재정신청 필수적 항고 예외(검사가 공소시효 만료일 30일 전까지 공소 불제기)260조			
48	체포·현행범 체포·긴급체포 시의 구속영장 청구(48시간 이내)200조의2, 200조의4, 213조의2 체포·구속적부심 심문(48시간 이내)214조의2		증거개시 검사의 거부통지(지체없이 : 48시간 이내)266조의3	
50	영장체포·현행범체포·구속(70조, 200조의2, 201조, 214조) 주거불명인 경미사건(다액 50만 원↓ 벌금·구류·과료)214조		선서·증언거부(50만 원 이하 과태료)161조	
70			국선변호인 필요적 선정(70세 이상)33조 참여재판 배심원 면제 사유(70세 이상)국참법 20조	
90	사경 송부 사건불송치 관계 서류 검사의 반환(재수사 요청, 90일 이내)245조의5			

	수사	공소제기	공판	상소/특별절차
100			법정소란 후 제재(100↓ 과태료)	
500	출석보증인 과태료(500만 원↓)100조의2		경미사건의 피고인 불출석 (다액 500만 원↓ 벌금, 과료)277조 경미사건의 법원허가시 피고인 불출석(다액 500만 원↑ 벌금·구류, 장기3↓ 징역·금고)277조 불출석증인 제재 과태료 (500만 원↓)151조	
1,000	피고인 보석조건 위반 후 과태료(1,000만 원↓) 102조			

MEMO

MEMO